TRANZLATY

Sprache ist für alle da

A linguagem é para todos

Der Ruf der Wildnis

O Chamado da Floresta

Jack London

Deutsch / Português do Brasil

Copyright © 2025 Tranzlaty
All rights reserved
Published by Tranzlaty
ISBN: 978-1-80572-815-3
Original text by Jack London
The Call of the Wild
First published in 1903
www.tranzlaty.com

Ins Primitive
No Primitivo

Buck las keine Zeitungen
Buck não leu os jornais.
Hätte er die Zeitung gelesen, hätte er gewusst, dass Ärger im Anzug war.
Se ele tivesse lido os jornais, saberia que problemas estavam surgindo.
Nicht nur er selbst, sondern jeder einzelne Tidewater-Hund bekam Ärger.
Não houve problemas apenas para ele, mas para todos os cães da maré.
Jeder Hund mit starken Muskeln und warmem, langem Fell würde in Schwierigkeiten geraten.
Qualquer cão forte, musculoso e com pelo longo e quente estaria em apuros.
Von Puget Bay bis San Diego konnte kein Hund dem entkommen, was auf ihn zukam.
De Puget Bay a San Diego, nenhum cachorro conseguiu escapar do que estava por vir.
Männer, die in der arktischen Dunkelheit herumtasteten, hatten ein gelbes Metall gefunden.
Homens, tateando na escuridão do Ártico, encontraram um metal amarelo.
Dampfschiff- und Transportunternehmen waren auf der Jagd nach der Entdeckung.
Empresas de navegação a vapor e de transporte estavam em busca da descoberta.
Tausende von Männern strömten ins Nordland.
Milhares de homens estavam correndo para Northland.
Diese Männer wollten Hunde, und die Hunde, die sie wollten, waren schwere Hunde.
Esses homens queriam cães, e os cães que eles queriam eram cães pesados.
Hunde mit starken Muskeln, die sie zum Arbeiten brauchen.
Cães com músculos fortes para trabalhar.

Hunde mit Pelzmantel, der sie vor Frost schützt.
Cães com pelagem peluda para protegê-los do frio.

Buck lebte in einem großen Haus im sonnenverwöhnten Santa Clara Valley.
Buck morava em uma casa grande no ensolarado Vale de Santa Clara.

Der Ort, an dem Richter Miller wohnte, wurde sein Haus genannt.
O lugar do Juiz Miller era chamado de sua casa.

Sein Haus stand etwas abseits der Straße, halb zwischen den Bäumen versteckt.
Sua casa ficava afastada da estrada, meio escondida entre as árvores.

Man konnte einen Blick auf die breite Veranda erhaschen, die rund um das Haus verläuft.
Era possível avistar a ampla varanda que circundava a casa.

Die Zufahrt zum Haus erfolgte über geschotterte Zufahrten.
O acesso à casa era feito por calçadas de cascalho.

Die Wege schlängelten sich durch weitläufige Rasenflächen.
Os caminhos serpenteavam por gramados amplos.

Über ihnen waren die ineinander verschlungenen Zweige hoher Pappeln.
Acima, havia galhos entrelaçados de altos choupos.

Auf der Rückseite des Hauses ging es noch geräumiger zu.
Na parte de trás da casa as coisas eram ainda mais espaçosas.

Es gab große Ställe, in denen ein Dutzend Stallknechte plauderten
Havia grandes estábulos, onde uma dúzia de cavalariços conversavam

Es gab Reihen von weinbewachsenen Dienstbotenhäusern
Havia fileiras de casas de empregados cobertas de videiras

Und es gab eine endlose und ordentliche Reihe von Toilettenhäuschen
E havia uma infinidade e uma série ordenada de latrinas

Lange Weinlauben, grüne Weiden, Obstgärten und Beerenfelder.

Grandes parreirais, pastos verdes, pomares e plantações de frutas vermelhas.
Dann gab es noch die Pumpanlage für den artesischen Brunnen.
Depois havia a estação de bombeamento do poço artesiano.
Und da war der große Zementtank, der mit Wasser gefüllt war.
E lá estava o grande tanque de cimento cheio de água.
Hier nahmen die Jungs von Richter Miller ihr morgendliches Bad.
Aqui os meninos do Juiz Miller deram seu mergulho matinal.
Und auch dort kühlten sie sich am heißen Nachmittag ab.
E eles também se refrescaram lá na tarde quente.
Und über dieses große Gebiet herrschte Buck über alles.
E sobre esse grande domínio, Buck era quem governava tudo.
Buck wurde auf diesem Land geboren und lebte hier sein ganzes vierjähriges Leben.
Buck nasceu nesta terra e viveu aqui todos os seus quatro anos.
Es gab zwar noch andere Hunde, aber die spielten keine wirkliche Rolle.
De fato, havia outros cães, mas eles não importavam de verdade.
An einem so riesigen Ort wie diesem wurden andere Hunde erwartet.
Outros cães eram esperados em um lugar tão vasto quanto este.
Diese Hunde kamen und gingen oder lebten in den geschäftigen Zwingern.
Esses cães iam e vinham, ou viviam dentro dos canis movimentados.
Manche Hunde lebten versteckt im Haus, wie Toots und Ysabel.
Alguns cães viviam escondidos na casa, como Toots e Ysabel.
Toots war ein japanischer Mops, Ysabel ein mexikanischer Nackthund.

Toots era um pug japonês, Ysabel uma cadela mexicana sem pelos.
Diese seltsamen Kreaturen verließen das Haus kaum.
Essas criaturas estranhas raramente saíam de casa.
Sie berührten weder den Boden noch schnüffelten sie draußen an der frischen Luft.
Eles não tocaram o chão, nem cheiraram o ar livre lá fora.
Außerdem gab es Foxterrier, mindestens zwanzig an der Zahl.
Havia também os fox terriers, pelo menos vinte.
Diese Terrier bellten Toots und Ysabel im Haus wild an.
Esses terriers latiam ferozmente para Toots e Ysabel dentro de casa.
Toots und Ysabel blieben hinter Fenstern, in Sicherheit.
Toots e Ysabel ficaram atrás das janelas, a salvo de perigos.
Sie wurden von Hausmädchen mit Besen und Wischmopps bewacht.
Eles eram vigiados por empregadas domésticas com vassouras e esfregões.
Aber Buck war kein Haushund und auch kein Zwingerhund.
Mas Buck não era um cão de estimação, nem de canil.
Das gesamte Anwesen gehörte Buck als seinem rechtmäßigen Reich.
Toda a propriedade pertencia a Buck como seu reino de direito.
Buck schwamm im Becken oder ging mit den Söhnen des Richters auf die Jagd.
Buck nadava no tanque ou ia caçar com os filhos do juiz.
Er ging in den frühen oder späten Morgenstunden mit Mollie und Alice spazieren.
Ele caminhava com Mollie e Alice de madrugada ou de madrugada.
In kalten Nächten lag er mit dem Richter vor dem Kaminfeuer der Bibliothek.
Nas noites frias, ele se deitava diante da lareira da biblioteca com o Juiz.

Buck ließ die Enkel des Richters auf seinem starken Rücken herumreiten.
Buck deu carona aos netos do Juiz em seu dorso forte.
Er wälzte sich mit den Jungen im Gras und bewachte sie genau.
Ele rolava na grama com os meninos, protegendo-os de perto.
Sie wagten sich bis zum Brunnen und sogar an den Beerenfeldern vorbei.
Eles se aventuraram até a fonte e até passaram pelos campos de frutas vermelhas.
Unter den Foxterriern lief Buck immer mit königlichem Stolz.
Entre os fox terriers, Buck sempre andava com orgulho real.
Er ignorierte Toots und Ysabel und behandelte sie, als wären sie Luft.
Ele ignorou Toots e Ysabel, tratando-os como se fossem ar.
Buck herrschte über alle Lebewesen auf Richter Millers Land.
Buck governava todas as criaturas vivas nas terras do Juiz Miller.
Er herrschte über Tiere, Insekten, Vögel und sogar Menschen
Ele governou sobre animais, insetos, pássaros e até humanos.
Bucks Vater Elmo war ein großer und treuer Bernhardiner gewesen.
O pai de Buck, Elmo, era um enorme e leal São Bernardo.
Elmo wich dem Richter nie von der Seite und diente ihm treu.
Elmo nunca saiu do lado do Juiz e o serviu fielmente.
Buck schien bereit, dem edlen Beispiel seines Vaters zu folgen.
Buck parecia pronto para seguir o nobre exemplo de seu pai.
Buck war nicht ganz so groß und wog hundertvierzig Pfund.
Buck não era tão grande, pesando 64 quilos.
Seine Mutter Shep war eine schöne schottische Schäferhündin gewesen.
Sua mãe, Shep, foi uma excelente cadela pastora escocesa.

Aber selbst mit diesem Gewicht hatte Buck eine königliche Ausstrahlung.
Mas mesmo com aquele peso, Buck caminhava com presença majestosa.
Dies kam vom guten Essen und dem Respekt, der ihm immer entgegengebracht wurde.
Isso veio da boa comida e do respeito que ele sempre recebeu.
Vier Jahre lang hatte Buck wie ein verwöhnter Adliger gelebt.
Durante quatro anos, Buck viveu como um nobre mimado.
Er war stolz auf sich und sogar ein wenig egoistisch.
Ele tinha orgulho de si mesmo e era até um pouco egoísta.
Diese Art von Stolz war bei den Herren abgelegener Landstriche weit verbreitet.
Esse tipo de orgulho era comum entre os senhores de terras remotas.
Doch Buck hat es vermieden, ein verwöhnter Haushund zu werden.
Mas Buck se salvou de se tornar um cão doméstico mimado.
Durch die Jagd und das Training blieb er schlank und stark.
Ele permaneceu magro e forte durante a caça e os exercícios.
Er liebte Wasser zutiefst, wie Menschen, die in kalten Seen baden.
Ele amava profundamente a água, como as pessoas que se banham em lagos frios.
Diese Liebe zum Wasser hielt Buck stark und sehr gesund.
Esse amor pela água manteve Buck forte e muito saudável.
Dies war der Hund, zu dem Buck im Herbst 1897 geworden war.
Esse era o cachorro que Buck se tornou no outono de 1897.
Als der Klondike-Angriff die Menschen in den eisigen Norden trieb.
Quando o ataque do Klondike levou os homens para o Norte congelado.
Menschen aus aller Welt strömten in das kalte Land.
Pessoas correram de todas as partes do mundo para a terra fria.

Buck las jedoch weder die Zeitungen noch verstand er Nachrichten.
Buck, no entanto, não lia jornais nem entendia notícias.
Er wusste nicht, dass es nicht gut war, Zeit mit Manuel zu verbringen.
Ele não sabia que Manuel era uma má companhia.
Manuel, der im Garten half, hatte ein großes Problem.
Manuel, que ajudava no jardim, tinha um problema profundo.
Manuel war spielsüchtig nach der chinesischen Lotterie.
Manuel era viciado em jogos de azar na loteria chinesa.
Er glaubte auch fest an ein festes System zum Gewinnen.
Ele também acreditava fortemente em um sistema fixo para vencer.
Dieser Glaube machte sein Scheitern sicher und unvermeidlich.
Essa crença tornou seu fracasso certo e inevitável.
Um ein System zu spielen, braucht man Geld, und das fehlte Manuel.
Jogar num sistema exige dinheiro, coisa que faltava a Manuel.
Sein Gehalt reichte kaum zum Überleben seiner Frau und seiner vielen Kinder.
Seu salário mal dava para sustentar sua esposa e seus muitos filhos.
In der Nacht, in der Manuel Buck verriet, war alles normal.
Na noite em que Manuel traiu Buck, as coisas estavam normais.
Der Richter war bei einem Treffen der Rosinenanbauervereinigung.
O juiz estava em uma reunião da Associação de Produtores de Uvas Passas.
Die Söhne des Richters waren damals damit beschäftigt, einen Sportverein zu gründen.
Os filhos do juiz estavam ocupados formando um clube esportivo naquela época.
Niemand sah, wie Manuel und Buck durch den Obstgarten gingen.
Ninguém viu Manuel e Buck saindo pelo pomar.

Buck dachte, dieser Spaziergang sei nur ein einfacher nächtlicher Spaziergang.
Buck pensou que essa caminhada era apenas um simples passeio noturno.

Sie trafen nur einen Mann an der Flaggenstation im College Park.
Eles encontraram apenas um homem na estação da bandeira, em College Park.

Dieser Mann sprach mit Manuel und sie tauschten Geld aus.
Aquele homem falou com Manuel e eles trocaram dinheiro.

„Verpacken Sie die Waren, bevor Sie sie ausliefern", schlug er vor
"Embrulhe as mercadorias antes de entregá-las", ele sugeriu.

Die Stimme des Mannes war rau und ungeduldig, als er sprach.
A voz do homem era áspera e impaciente enquanto ele falava.

Manuel band Buck vorsichtig ein dickes Seil um den Hals.
Manuel amarrou cuidadosamente uma corda grossa em volta do pescoço de Buck.

„Verdreh das Seil, und du wirst ihn gründlich erwürgen"
"Torça a corda e você vai sufocá-lo bastante"

Der Fremde gab ein Grunzen von sich und zeigte damit, dass er gut verstanden hatte.
O estranho deu um grunhido, mostrando que entendia bem.

Buck nahm das Seil an diesem Tag mit ruhiger und stiller Würde an.
Buck aceitou a corda com calma e dignidade naquele dia.

Es war eine ungewöhnliche Tat, aber Buck vertraute den Männern, die er kannte.
Era um ato incomum, mas Buck confiava nos homens que conhecia.

Er glaubte, dass ihre Weisheit weit über sein eigenes Denken hinausging.
Ele acreditava que a sabedoria deles ia muito além do seu próprio pensamento.

Doch dann wurde das Seil in die Hände des Fremden gegeben

Mas então a corda foi entregue nas mãos do estranho.
Buck stieß ein leises, warnendes und zugleich bedrohliches Knurren aus.
Buck deu um rosnado baixo que o alertava com uma ameaça silenciosa.
Er war stolz und gebieterisch und wollte seinen Unmut zum Ausdruck bringen.
Ele era orgulhoso e autoritário, e queria mostrar seu descontentamento.
Buck glaubte, seine Warnung würde als Befehl verstanden werden.
Buck acreditava que seu aviso seria entendido como uma ordem.
Zu seinem Entsetzen zog sich das Seil schnell um seinen dicken Hals zusammen.
Para sua surpresa, a corda apertou rapidamente em volta de seu pescoço grosso.
Ihm blieb die Luft weg und er begann in plötzlicher Wut zu kämpfen.
Seu ar foi cortado e ele começou a lutar com uma fúria repentina.
Er sprang auf den Mann zu, der Buck schnell mitten in der Luft traf.
Ele saltou sobre o homem, que rapidamente encontrou Buck no ar.
Der Mann packte Buck am Hals und drehte ihn geschickt in der Luft.
O homem agarrou a garganta de Buck e habilmente o girou no ar.
Buck wurde hart zu Boden geworfen und landete flach auf dem Rücken.
Buck foi jogado com força no chão, caindo de costas.
Das Seil würgte ihn nun grausam, während er wild um sich trat.
A corda agora o sufocava cruelmente enquanto ele chutava descontroladamente.

Seine Zunge fiel heraus, seine Brust hob und senkte sich, doch er bekam keine Luft.
Sua língua caiu, seu peito arfou, mas não conseguiu respirar.
Noch nie in seinem Leben war er mit solcher Gewalt behandelt worden.
Ele nunca havia sido tratado com tanta violência em sua vida.
Auch war er noch nie zuvor von solch tiefer Wut erfüllt gewesen.
Ele também nunca havia sentido uma fúria tão profunda antes.
Doch Bucks Kraft schwand und seine Augen wurden glasig.
Mas o poder de Buck desapareceu, e seus olhos ficaram vidrados.
Er wurde ohnmächtig, als in der Nähe ein Zug angehalten wurde.
Ele desmaiou no momento em que um trem parou ali perto.
Dann warfen ihn die beiden Männer schnell in den Gepäckwagen.
Então os dois homens o jogaram rapidamente no vagão de bagagem.
Das nächste, was Buck spürte, war ein Schmerz in seiner geschwollenen Zunge.
A próxima coisa que Buck sentiu foi dor na língua inchada.
Er bewegte sich in einem wackelnden Wagen und war nur schwach bei Bewusstsein.
Ele se movia em uma carroça balançando, apenas vagamente consciente.
Das schrille Pfeifen eines Zuges verriet Buck seinen Standort.
O grito agudo de um apito de trem indicou a Buck sua localização.
Er war oft mit dem Richter mitgefahren und kannte das Gefühl.
Ele costumava cavalgar com o Juiz e conhecia a sensação.
Es war der einzigartige Schock, wieder in einem Gepäckwagen zu reisen.

Foi a experiência única de viajar novamente em um vagão de bagagem.
Buck öffnete die Augen und sein Blick brannte vor Wut.
Buck abriu os olhos e seu olhar queimava de raiva.
Dies war der Zorn eines stolzen Königs, der vom Thron gejagt wurde.
Essa foi a ira de um rei orgulhoso que foi tirado do seu trono.
Ein Mann wollte ihn packen, doch stattdessen schlug Buck zuerst zu.
Um homem tentou agarrá-lo, mas Buck atacou primeiro.
Er versenkte seine Zähne in der Hand des Mannes und hielt sie fest.
Ele cravou os dentes na mão do homem e segurou firme.
Er ließ nicht los, bis er ein zweites Mal ohnmächtig wurde.
Ele não a soltou até desmaiar pela segunda vez.
„Ja, hat Anfälle", murmelte der Mann dem Gepäckträger zu.
"É, tem ataques", murmurou o homem para o carregador de bagagem.
Der Gepäckträger hatte den Kampf gehört und war näher gekommen.
O carregador de bagagem ouviu a luta e se aproximou.
„Ich bringe ihn für den Chef nach Frisco", erklärte der Mann.
"Vou levá-lo para 'Frisco para o chefe", explicou o homem.
„Dort gibt es einen tollen Hundearzt, der sagt, er könne sie heilen."
"Há um ótimo médico de cães lá que diz que pode curá-los."
Später in der Nacht gab der Mann seinen eigenen ausführlichen Bericht ab.
Mais tarde naquela noite, o homem deu seu próprio relato completo.
Er sprach aus einem Schuppen hinter einem Saloon am Hafen.
Ele falou de um galpão atrás de um salão nas docas.
„Ich habe nur fünfzig Dollar bekommen", beschwerte er sich beim Wirt.

"Tudo o que me deram foram cinquenta dólares", ele reclamou com o homem do bar.

„Ich würde es nicht noch einmal tun, nicht einmal für tausend Dollar in bar."

"Eu não faria isso de novo, nem por mil em dinheiro."

Seine rechte Hand war fest in ein blutiges Tuch gewickelt.

Sua mão direita estava firmemente enrolada em um pano ensanguentado.

Sein Hosenbein war vom Knie bis zum Fuß weit aufgerissen.

A perna da calça dele estava rasgada do joelho ao pé.

„Wie viel hat der andere Trottel verdient?", fragte der Wirt.

"Quanto o outro sujeito recebeu?" perguntou o homem do bar.

„Hundert", antwortete der Mann, „einen Cent weniger würde er nicht nehmen."

"Cem", respondeu o homem, "ele não aceitaria um centavo a menos".

„Das macht hundertfünfzig", sagte der Kneipenmann.

"Isso dá cento e cinquenta", disse o homem do bar.

„Und er ist das alles wert, sonst bin ich nicht besser als ein Dummkopf."

"E ele vale tudo isso, ou eu não sou melhor que um idiota."

Der Mann öffnete die Verpackung, um seine Hand zu untersuchen.

O homem abriu os embrulhos para examinar sua mão.

Die Hand war stark zerrissen und mit getrocknetem Blut verkrustet.

A mão estava muito rasgada e coberta de sangue seco.

„Wenn ich keine Tollwut bekomme …", begann er zu sagen.

"Se eu não tiver hidrofobia…" ele começou a dizer.

„Das liegt wohl daran, dass du zum Hängen geboren wurdest", ertönte ein Lachen.

"Será porque você nasceu para ser enforcado", riu alguém.

„Komm und hilf mir, bevor du gehst", wurde er gebeten.

"Venha me ajudar antes de ir", ele foi solicitado.

Buck war von den Schmerzen in seiner Zunge und seinem Hals benommen.
Buck estava atordoado por causa da dor na língua e na garganta.
Er war halb erwürgt und konnte kaum noch aufrecht stehen.
Ele estava meio estrangulado e mal conseguia ficar de pé.
Dennoch versuchte Buck, den Männern gegenüberzutreten, die ihm so viel Leid zugefügt hatten.
Mesmo assim, Buck tentou encarar os homens que o machucaram tanto.
Aber sie warfen ihn nieder und würgten ihn erneut.
Mas eles o jogaram no chão e o sufocaram novamente.
Erst dann konnten sie sein schweres Messinghalsband absägen.
Só então eles conseguiram serrar sua pesada coleira de latão.
Sie entfernten das Seil und stießen ihn in eine Kiste.
Eles removeram a corda e o empurraram para dentro de uma caixa.
Die Kiste war klein und hatte die Form eines groben Eisenkäfigs.
A caixa era pequena e tinha o formato de uma gaiola de ferro rústica.
Buck lag die ganze Nacht dort, voller Zorn und verletztem Stolz.
Buck ficou ali a noite toda, cheio de ira e orgulho ferido.
Er konnte nicht einmal ansatzweise verstehen, was mit ihm geschah.
Ele não conseguia nem começar a entender o que estava acontecendo com ele.
Warum hielten ihn diese fremden Männer in dieser kleinen Kiste fest?
Por que esses homens estranhos o mantinham nessa pequena caixa?
Was wollten sie von ihm und warum diese grausame Gefangenschaft?
O que queriam com ele e por que esse cativeiro cruel?

Er spürte einen dunklen Druck, das Gefühl, dass das Unglück näher rückte.
Ele sentiu uma pressão sombria; uma sensação de desastre se aproximando.
Es war eine vage Angst, die ihn jedoch schwer belastete.
Era um medo vago, mas que se instalou fortemente em seu espírito.
Mehrmals sprang er auf, als die Schuppentür klapperte.
Várias vezes ele pulou quando a porta do galpão fez barulho.
Er erwartete, dass der Richter oder die Jungen erscheinen und ihn retten würden.
Ele esperava que o Juiz ou os meninos aparecessem e o resgatassem.
Doch jedes Mal lugte nur das dicke Gesicht des Wirts hinein.
Mas apenas o rosto gordo do dono do bar aparecia lá dentro todas as vezes.
Das Gesicht des Mannes wurde vom schwachen Schein einer Talgkerze erhellt.
O rosto do homem estava iluminado pelo brilho fraco de uma vela de sebo.
Jedes Mal verwandelte sich Bucks freudiges Bellen in ein leises, wütendes Knurren.
A cada vez, o latido alegre de Buck se transformava em um rosnado baixo e raivoso.

Der Wirt ließ ihn für die Nacht allein in der Kiste zurück
O dono do bar o deixou sozinho durante a noite na caixa
Aber als er am Morgen aufwachte, kamen noch mehr Männer.
Mas quando ele acordou de manhã, mais homens estavam chegando.
Vier Männer kamen und hoben die Kiste vorsichtig und wortlos auf.
Quatro homens vieram e pegaram cuidadosamente a caixa sem dizer uma palavra.
Buck wusste sofort, in welcher Situation er sich befand.

Buck soube imediatamente da situação em que se encontrava.
Sie waren weitere Peiniger, die er bekämpfen und fürchten musste.
Eles eram outros algozes que ele tinha que lutar e temer.
Diese Männer sahen böse, zerlumpt und sehr ungepflegt aus.
Esses homens pareciam perversos, esfarrapados e muito maltratados.
Buck knurrte und stürzte sich wild durch die Gitterstäbe auf sie.
Buck rosnou e investiu ferozmente contra eles através das grades.
Sie lachten nur und stießen mit langen Holzstöcken nach ihm.
Eles apenas riram e o cutucaram com longos pedaços de madeira.
Buck biss in die Stöcke, dann wurde ihm klar, dass es das war, was ihnen gefiel.
Buck mordeu os gravetos e então percebeu que era disso que eles gostavam.
Also legte er sich ruhig hin, mürrisch und vor stiller Wut brennend.
Então ele se deitou em silêncio, taciturno e ardendo de raiva silenciosa.
Sie hoben die Kiste auf einen Wagen und fuhren mit ihm weg.
Eles colocaram a caixa em uma carroça e foram embora com ele.
Die Kiste mit Buck darin wechselte oft den Besitzer.
A caixa, com Buck trancado dentro, trocava de mãos com frequência.
Express-Büroangestellte übernahmen die Leitung und kümmerten sich kurz um ihn.
Os funcionários do escritório Express assumiram o controle e o atenderam rapidamente.
Dann transportierte ein anderer Wagen Buck durch die laute Stadt.

Depois, outra carroça levou Buck pela cidade barulhenta.
Ein Lastwagen brachte ihn mit Kisten und Paketen auf eine Fähre.
Um caminhão o levou com caixas e pacotes para uma balsa.
Nach der Überquerung lud ihn der Lastwagen an einem Bahndepot ab.
Após a travessia, o caminhão o descarregou em um depósito ferroviário.
Schließlich wurde Buck in einen wartenden Expresswagen gesetzt.
Por fim, Buck foi colocado dentro de um vagão expresso que o aguardava.
Zwei Tage und Nächte lang zogen Züge den Schnellzug ab.
Durante dois dias e duas noites, os trens puxaram o vagão expresso.
Buck hat während der gesamten schmerzhaften Reise weder gegessen noch getrunken.
Buck não comeu nem bebeu durante toda a dolorosa jornada.
Als die Expressboten versuchten, sich ihm zu nähern, knurrte er.
Quando os mensageiros expressos tentaram se aproximar dele, ele rosnou.
Sie reagierten, indem sie ihn verspotteten und grausam hänselten.
Eles responderam zombando dele e provocando-o cruelmente.
Buck warf sich schäumend und zitternd gegen die Gitterstäbe
Buck se jogou nas grades, espumando e tremendo
Sie lachten laut und verspotteten ihn wie Schulhofschläger.
Eles riram alto e o provocaram como valentões de pátio de escola.
Sie bellten wie falsche Hunde und wedelten mit den Armen.
Eles latiam como cães falsos e batiam os braços.
Sie krähten sogar wie Hähne, nur um ihn noch mehr aufzuregen.
Eles até cantaram como galos só para irritá-lo ainda mais.

Es war dummes Verhalten und Buck wusste, dass es lächerlich war.
Era um comportamento tolo, e Buck sabia que era ridículo.
Doch das verstärkte seine Empörung und Scham nur noch.
Mas isso só aprofundou seu sentimento de indignação e vergonha.
Der Hunger plagte ihn während der Reise kaum.
Ele não se incomodou muito com a fome durante a viagem.
Doch der Durst brachte starke Schmerzen und unerträgliches Leiden mit sich.
Mas a sede trazia uma dor aguda e um sofrimento insuportável.
Sein trockener, entzündeter Hals und seine Zunge brannten vor Hitze.
Sua garganta e língua secas e inflamadas queimavam de calor.
Dieser Schmerz schürte das Fieber, das in seinem stolzen Körper aufstieg.
Essa dor alimentava a febre que crescia em seu corpo orgulhoso.
Buck war während dieses Prozesses für eine einzige Sache dankbar.
Buck ficou grato por uma única coisa durante esse julgamento.
Das Seil um seinen dicken Hals war entfernt worden.
A corda havia sido retirada de seu pescoço grosso.
Das Seil hatte diesen Männern einen unfairen und grausamen Vorteil verschafft.
A corda deu àqueles homens uma vantagem injusta e cruel.
Jetzt war das Seil weg und Buck schwor, dass es nie wieder zurückkommen würde.
Agora a corda havia sumido, e Buck jurou que ela nunca mais voltaria.
Er beschloss, sich nie wieder ein Seil um den Hals legen zu lassen.
Ele decidiu que nunca mais colocaria uma corda em seu pescoço.
Zwei lange Tage und Nächte litt er ohne Essen.
Durante dois longos dias e noites, ele sofreu sem comida.

Und in diesen Stunden baute sich in ihm eine enorme Wut auf.
E nessas horas ele acumulava uma raiva enorme dentro de si.
Seine Augen wurden vor ständiger Wut blutunterlaufen und wild.
Seus olhos ficaram vermelhos e selvagens devido à raiva constante.
Er war nicht mehr Buck, sondern ein Dämon mit schnappenden Kiefern.
Ele não era mais Buck, mas um demônio com mandíbulas afiadas.
Nicht einmal der Richter hätte dieses verrückte Wesen erkannt.
Nem mesmo o Juiz reconheceria essa criatura louca.
Die Expressboten atmeten erleichtert auf, als sie Seattle erreichten
Os mensageiros expressos suspiraram de alívio quando chegaram a Seattle
Vier Männer hoben die Kiste hoch und brachten sie in einen Hinterhof.
Quatro homens levantaram a caixa e a levaram para um quintal.
Der Hof war klein und von hohen, massiven Mauern umgeben.
O pátio era pequeno, cercado por muros altos e sólidos.
Ein großer Mann in einem ausgeleierten roten Pullover kam heraus.
Um homem grande saiu vestindo uma camisa vermelha larga.
Mit dicker, kühner Handschrift unterschrieb er das Lieferbuch.
Ele assinou o livro de entrega com uma letra grossa e ousada.
Buck spürte sofort, dass dieser Mann sein nächster Peiniger war.
Buck percebeu imediatamente que aquele homem seria seu próximo algoz.
Er stürzte sich heftig auf die Gitterstäbe, die Augen rot vor Wut.

Ele investiu violentamente contra as barras, com os olhos vermelhos de fúria.
Der Mann lächelte nur finster und holte ein Beil.
O homem apenas deu um sorriso sombrio e foi buscar um machado.
Er brachte auch eine Keule in seiner dicken und starken rechten Hand mit.
Ele também trouxe um porrete em sua grossa e forte mão direita.
„Wollen Sie ihn jetzt rausholen?", fragte der Fahrer besorgt.
"Você vai tirá-lo agora?", perguntou o motorista, preocupado.
„Sicher", sagte der Mann und rammte das Beil als Hebel in die Kiste.
"Claro", disse o homem, enfiando o machado na caixa como uma alavanca.
Die vier Männer stoben sofort auseinander und sprangen auf die Hofmauer.
Os quatro homens se espalharam instantaneamente, pulando no muro do pátio.
Von ihren sicheren Plätzen oben warteten sie, um das Spektakel zu beobachten.
De seus lugares seguros acima, eles esperaram para assistir ao espetáculo.
Buck stürzte sich auf das zersplitterte Holz, biss und zitterte heftig.
Buck investiu contra a madeira lascada, mordendo e sacudindo ferozmente.
Jedes Mal, wenn die Axt den Käfig traf, war Buck da, um ihn anzugreifen.
Cada vez que o machado batia na gaiola, Buck estava lá para atacá-lo.
Er knurrte und schnappte vor wilder Wut und wollte unbedingt freigelassen werden.
Ele rosnou e estalou com raiva selvagem, ansioso para ser libertado.
Der Mann draußen war ruhig und gelassen und konzentrierte sich auf seine Aufgabe.

O homem lá fora estava calmo e firme, concentrado em sua tarefa.
„Also gut, du rotäugiger Teufel", sagte er, als das Loch groß war.
"Certo então, seu demônio de olhos vermelhos", ele disse quando o buraco ficou grande.
Er ließ das Beil fallen und nahm die Keule in die rechte Hand.
Ele largou o machado e pegou o porrete na mão direita.
Buck sah wirklich aus wie ein Teufel; seine Augen blutunterlaufen und lodernd.
Buck realmente parecia um demônio; olhos vermelhos e flamejantes.
Sein Fell sträubte sich, Schaum stand ihm vor dem Mund, seine Augen funkelten.
Seu pelo estava eriçado, espuma saía de sua boca e seus olhos brilhavam.
Er spannte seine Muskeln an und sprang direkt auf den roten Pullover zu.
Ele contraiu os músculos e saltou direto para o suéter vermelho.
Hundertvierzig Pfund Wut prasselten auf den ruhigen Mann zu.
Cento e quarenta libras de fúria voaram em direção ao homem calmo.
Kurz bevor er die Zähne zusammenbiss, traf ihn ein schrecklicher Schlag.
Pouco antes de suas mandíbulas se fecharem, um golpe terrível o atingiu.
Seine Zähne schnappten zusammen, nur Luft war im Spiel.
Seus dentes estalaram em nada além de ar
ein Schmerz durchfuhr seinen Körper
uma pontada de dor reverberou por seu corpo
Er machte einen Überschlag in der Luft und stürzte auf dem Rücken und der Seite zu Boden.
Ele girou no ar e caiu de costas e de lado.

Er hatte noch nie zuvor einen Knüppelschlag gespürt und konnte ihn nicht begreifen.
Ele nunca havia sentido um golpe de taco antes e não conseguia segurá-lo.

Mit einem kreischenden Knurren, das teils Bellen, teils Schreien war, sprang er erneut.
Com um rosnado estridente, parte latido, parte grito, ele saltou novamente.

Ein weiterer brutaler Schlag traf ihn und schleuderte ihn zu Boden.
Outro golpe brutal o atingiu e o jogou no chão.

Diesmal verstand Buck – es war die schwere Keule des Mannes.
Desta vez, Buck entendeu: era o pesado porrete do homem.

Doch die Wut machte ihn blind, und an einen Rückzug dachte er nicht.
Mas a raiva o cegou, e ele não pensou em recuar.

Zwölfmal stürzte er sich in die Luft, und zwölfmal fiel er.
Doze vezes ele se lançou e doze vezes caiu.

Der Holzknüppel traf ihn jedes Mal mit unbarmherziger, vernichtender Kraft.
O porrete de madeira o esmagava todas as vezes com uma força implacável e esmagadora.

Nach einem heftigen Schlag kam er benommen und langsam wieder auf die Beine.
Depois de um golpe violento, ele cambaleou e ficou de pé, atordoado e lento.

Blut lief aus seinem Mund, seiner Nase und sogar seinen Ohren.
Sangue escorria de sua boca, nariz e até mesmo de suas orelhas.

Sein einst so schönes Fell war mit blutigem Schaum verschmiert.
Seu pelo, antes lindo, estava manchado de espuma ensanguentada.

Dann trat der Mann vor und versetzte ihm einen heftigen Schlag auf die Nase.

Então o homem se aproximou e desferiu um golpe violento no nariz.
Die Qualen waren schlimmer als alles, was Buck je gespürt hatte.
A agonia era mais aguda do que qualquer coisa que Buck já havia sentido.
Mit einem Brüllen, das eher an ein Tier als an einen Hund erinnerte, sprang er erneut zum Angriff.
Com um rugido mais de animal do que de cachorro, ele saltou novamente para atacar.
Doch der Mann packte seinen Unterkiefer und drehte ihn nach hinten.
Mas o homem agarrou seu maxilar inferior e o torceu para trás.
Buck überschlug sich kopfüber und stürzte erneut hart auf den Boden.
Buck virou de cabeça para baixo e caiu com força novamente.
Ein letztes Mal stürmte Buck auf ihn zu, jetzt konnte er kaum noch stehen.
Uma última vez, Buck investiu contra ele, agora mal conseguindo ficar de pé.
Der Mann schlug mit perfektem Timing zu und versetzte den letzten Schlag.
O homem atacou com precisão e precisão, desferindo o golpe final.
Buck brach bewusstlos und regungslos zusammen.
Buck caiu no chão, inconsciente e imóvel.
„Er ist kein Stümper im Hundezähmen, das sage ich", rief ein Mann.
"Ele não é nenhum idiota em domar cães, é o que eu digo", gritou um homem.
„Druther kann den Willen eines Hundes an jedem Tag der Woche brechen."
"Druther pode quebrar a vontade de um cão em qualquer dia da semana."
„Und zweimal an einem Sonntag!", fügte der Fahrer hinzu.
"E duas vezes num domingo!" acrescentou o motorista.

Er stieg in den Wagen und ließ die Zügel knacken, um loszufahren.
Ele subiu na carroça e estalou as rédeas para sair.
Buck erlangte langsam die Kontrolle über sein Bewusstsein zurück
Buck recuperou lentamente o controle de sua consciência
aber sein Körper war noch zu schwach und gebrochen, um sich zu bewegen.
mas seu corpo ainda estava muito fraco e quebrado para se mover.
Er blieb liegen, wo er hingefallen war, und beobachtete den Mann im roten Pullover.
Ele ficou deitado onde havia caído, observando o homem de suéter vermelho.
„Er hört auf den Namen Buck", sagte der Mann und las laut vor.
"Ele atende pelo nome de Buck", disse o homem, lendo em voz alta.
Er zitierte aus der Notiz und den Einzelheiten, die mit Bucks Kiste geschickt wurden.
Ele citou a nota enviada com a caixa de Buck e detalhes.
„Also, Buck, mein Junge", fuhr der Mann freundlich fort,
"Bem, Buck, meu rapaz", continuou o homem com um tom amigável,
„Wir hatten unseren kleinen Streit, und jetzt ist es zwischen uns vorbei."
"tivemos nossa pequena briga, e agora acabou entre nós."
„Sie haben Ihren Platz kennengelernt und ich habe meinen kennengelernt", fügte er hinzu.
"Você aprendeu o seu lugar e eu aprendi o meu", acrescentou.
„Sei brav, dann wird alles gut und das Leben wird angenehm sein."
"Seja bom, e tudo correrá bem, e a vida será agradável."
„Aber wenn du böse bist, schlage ich dir die Seele aus dem Leib, verstanden?"
"Mas seja mau e eu vou te dar uma surra, entendeu?"

Während er sprach, streckte er die Hand aus und tätschelte Bucks schmerzenden Kopf.
Enquanto falava, ele estendeu a mão e afagou a cabeça dolorida de Buck.
Bucks Haare stellten sich bei der Berührung des Mannes auf, aber er wehrte sich nicht.
Os cabelos de Buck se arrepiaram ao toque do homem, mas ele não resistiu.
Der Mann brachte ihm Wasser, das Buck in großen Schlucken trank.
O homem trouxe-lhe água, que Buck bebeu em grandes goles.
Dann kam rohes Fleisch, das Buck Stück für Stück verschlang.
Depois veio a carne crua, que Buck devorou pedaço por pedaço.
Er wusste, dass er geschlagen war, aber er wusste auch, dass er nicht gebrochen war.
Ele sabia que estava derrotado, mas também sabia que não estava quebrado.
Gegen einen mit einer Keule bewaffneten Mann hatte er keine Chance.
Ele não tinha chance contra um homem armado com um porrete.
Er hatte die Wahrheit erfahren und diese Lektion nie vergessen.
Ele aprendeu a verdade e nunca esqueceu essa lição.
Diese Waffe war der Beginn des Gesetzes in Bucks neuer Welt.
Aquela arma foi o início da lei no novo mundo de Buck.
Es war der Beginn einer harten, primitiven Ordnung, die er nicht leugnen konnte.
Foi o início de uma ordem dura e primitiva que ele não podia negar.
Er akzeptierte die Wahrheit; seine wilden Instinkte waren nun erwacht.
Ele aceitou a verdade; seus instintos selvagens agora estavam despertos.

Die Welt war härter geworden, aber Buck stellte sich ihr tapfer.
O mundo ficou mais duro, mas Buck o enfrentou bravamente.
Er begegnete dem Leben mit neuer Vorsicht, List und stiller Stärke.
Ele enfrentou a vida com nova cautela, astúcia e força silenciosa.
Weitere Hunde kamen an, an Seilen oder in Kisten festgebunden, so wie Buck.
Mais cães chegaram, amarrados em cordas ou caixas, como Buck havia estado.
Einige Hunde kamen ruhig, andere tobten und kämpften wie wilde Tiere.
Alguns cães vinham calmamente, outros se enfureciam e lutavam como feras selvagens.
Sie alle wurden der Herrschaft des Mannes im roten Pullover unterworfen.
Todos eles foram colocados sob o domínio do homem de suéter vermelho.
Jedes Mal sah Buck zu und sah, wie sich ihm die gleiche Lektion erschloss.
Cada vez, Buck observava e via a mesma lição se desenrolar.
Der Mann mit der Keule war das Gesetz, ein Herr, dem man gehorchen musste.
O homem com o porrete era a lei; um mestre a ser obedecido.
Er musste nicht gemocht werden, aber man musste ihm gehorchen.
Ele não precisava ser gostado, mas tinha que ser obedecido.
Buck schmeichelte oder wedelte nie mit dem Schwanz, wie es die schwächeren Hunde taten.
Buck nunca bajulava ou abanava o rabo como os cães mais fracos faziam.
Er sah Hunde, die geschlagen wurden und trotzdem die Hand des Mannes leckten.
Ele viu cães que foram espancados e ainda lamberam a mão do homem.

Er sah einen Hund, der überhaupt nicht gehorchte oder sich unterwarf.
Ele viu um cachorro que não obedecia nem se submetia.
Dieser Hund kämpfte, bis er im Kampf um die Kontrolle getötet wurde.
Aquele cão lutou até ser morto na batalha pelo controle.
Manchmal kamen Fremde, um den Mann im roten Pullover zu sehen.
Às vezes, estranhos vinham ver o homem de suéter vermelho.
Sie sprachen in seltsamem Ton, flehten, feilschten und lachten.
Eles falavam em tons estranhos, implorando, barganhando e rindo.
Als das Geld ausgetauscht wurde, gingen sie mit einem oder mehreren Hunden.
Quando o dinheiro era trocado, eles saíam com um ou mais cães.
Buck fragte sich, wohin diese Hunde gingen, denn keiner kam jemals zurück.
Buck se perguntou para onde esses cães foram, pois nenhum deles jamais retornou.
Angst vor dem Unbekannten erfüllte Buck jedes Mal, wenn ein fremder Mann kam
O medo do desconhecido enchia Buck toda vez que um homem estranho aparecia
Er war jedes Mal froh, wenn ein anderer Hund mitgenommen wurde und nicht er selbst.
ele ficava feliz cada vez que outro cachorro era levado, em vez dele.
Doch schließlich kam Buck an die Reihe, als ein fremder Mann eintraf.
Mas finalmente chegou a vez de Buck com a chegada de um homem estranho.
Er war klein, drahtig und sprach gebrochenes Englisch und fluchte.
Ele era pequeno, magro, falava um inglês quebrado e xingava.
„Heilig!", schrie er, als er Bucks Gestalt erblickte.

"Sacredam!" ele gritou quando pôs os olhos no corpo de Buck.
„Das ist aber ein verdammter Rüpel! Wie viel?", fragte er laut.
"Esse cachorro é um valentão! Hein? Quanto?", perguntou ele em voz alta.
„Dreihundert, und für diesen Preis ist er ein Geschenk."
"Trezentos, e ele é um presente por esse preço,"
„Da es sich um staatliche Gelder handelt, sollten Sie sich nicht beschweren, Perrault."
"Já que é dinheiro do governo, você não deveria reclamar, Perrault."
Perrault grinste über den Deal, den er gerade mit dem Mann gemacht hatte.
Perrault sorriu para o acordo que tinha acabado de fazer com o homem.
Aufgrund der plötzlichen Nachfrage waren die Preise für Hunde in die Höhe geschossen.
O preço dos cães disparou devido à demanda repentina.
Dreihundert Dollar waren für so ein tolles Tier nicht unfair.
Trezentos dólares não era injusto por um animal tão bom.
Die kanadische Regierung würde bei dem Abkommen nichts verlieren
O governo canadense não perderia nada no acordo
Auch ihre offiziellen Depeschen würden während des Transports nicht verzögert.
Nem seus despachos oficiais seriam atrasados no trânsito.
Perrault kannte sich gut mit Hunden aus und erkannte, dass Buck etwas Seltenes war.
Perrault conhecia bem os cães e podia ver que Buck era algo raro.
„Einer von zehntausend", dachte er, als er Bucks Körperbau betrachtete.
"Um em dez mil", pensou ele, enquanto estudava a constituição física de Buck.
Buck sah, wie das Geld den Besitzer wechselte, zeigte sich jedoch nicht überrascht.

Buck viu o dinheiro mudar de mãos, mas não demonstrou surpresa.

Bald wurden er und Curly, ein sanfter Neufundländer, weggeführt.

Logo ele e Curly, um dócil Terra Nova, foram levados embora.

Sie folgten dem kleinen Mann aus dem Hof des roten Pullovers.

Eles seguiram o homenzinho do quintal do suéter vermelho.

Das war das letzte Mal, dass Buck den Mann mit der Holzkeule sah.

Essa foi a última vez que Buck viu o homem com o porrete de madeira.

Vom Deck der Narwhal aus beobachtete er, wie Seattle in der Ferne verschwand.

Do convés do Narwhal, ele observou Seattle desaparecer na distância.

Es war auch das letzte Mal, dass er das warme Südland sah.

Foi também a última vez que ele viu a cálida região de Southland.

Perrault brachte sie unter Deck und ließ sie bei François zurück.

Perrault os levou para o convés inferior e os deixou com François.

François war ein Riese mit schwarzem Gesicht und rauen, schwieligen Händen.

François era um gigante de rosto negro e mãos ásperas e calejadas.

Er war dunkelhäutig und hatte eine dunkle Hautfarbe, ein französisch-kanadischer Mischling.

Ele era moreno e mestiço franco-canadense.

Für Buck waren diese Männer von einer Art, die er noch nie zuvor gesehen hatte.

Para Buck, esses homens eram de um tipo que ele nunca tinha visto antes.

Er würde in den kommenden Tagen viele solcher Männer kennenlernen.

Ele conheceria muitos homens assim nos dias seguintes.

Er konnte sie zwar nicht lieb gewinnen, aber er begann, sie zu respektieren.
Ele não gostava deles, mas passou a respeitá-los.
Sie waren fair und weise und ließen sich von keinem Hund so leicht täuschen.
Eles eram justos e sábios, e não eram facilmente enganados por nenhum cão.
Sie beurteilten Hunde ruhig und bestraften sie nur, wenn es angebracht war.
Eles julgavam os cães com calma e puniam apenas quando merecido.
Im Unterdeck der Narwhal trafen Buck und Curly zwei Hunde.
No convés inferior do Narwhal, Buck e Curly encontraram dois cães.
Einer war ein großer weißer Hund aus dem fernen, eisigen Spitzbergen.
Um deles era um grande cão branco da distante e gelada Spitzbergen.
Er war einmal mit einem Walfänger gesegelt und hatte sich einer Erkundungsgruppe angeschlossen.
Certa vez, ele navegou com um baleeiro e se juntou a um grupo de pesquisa.
Er war auf eine schlaue, hinterhältige und listige Art freundlich.
Ele era amigável de uma forma astuta, dissimulada e ardilosa.
Bei ihrer ersten Mahlzeit stahl er ein Stück Fleisch aus Bucks Pfanne.
Na primeira refeição, ele roubou um pedaço de carne da panela de Buck.
Buck sprang, um ihn zu bestrafen, aber François' Peitsche schlug zuerst zu.
Buck saltou para puni-lo, mas o chicote de François o atingiu primeiro.
Der weiße Dieb schrie auf und Buck holte sich den gestohlenen Knochen zurück.
O ladrão branco gritou, e Buck recuperou o osso roubado.

Diese Fairness beeindruckte Buck und François verdiente sich seinen Respekt.
Essa justiça impressionou Buck, e François conquistou seu respeito.

Der andere Hund grüßte nicht und wollte auch nichts zurück.
O outro cão não cumprimentou e não quis receber nada em troca.

Er stahl weder Essen noch beschnüffelte er die Neuankömmlinge interessiert.
Ele não roubou comida, nem cheirou os recém-chegados com interesse.

Dieser Hund war grimmig und ruhig, düster und bewegte sich langsam.
Este cão era sombrio e quieto, sombrio e lento.

Er warnte Curly, sich fernzuhalten, indem er sie einfach anstarrte.
Ele avisou Curly para ficar longe, simplesmente olhando feio para ela.

Seine Botschaft war klar: Lass mich in Ruhe, sonst gibt es Ärger.
Sua mensagem foi clara: deixe-me em paz ou haverá problemas.

Er hieß Dave und nahm seine Umgebung kaum wahr.
Ele se chamava Dave e mal notava o que estava ao seu redor.

Er schlief oft, aß ruhig und gähnte ab und zu.
Ele dormia bastante, comia em silêncio e bocejava de vez em quando.

Das Schiff summte ständig, während unten der Propeller schlug.
O navio zumbia constantemente com a hélice batendo abaixo.

Die Tage vergingen, ohne dass sich viel änderte, aber das Wetter wurde kälter.
Os dias passaram com pouca mudança, mas o clima ficou mais frio.

Buck spürte es in seinen Knochen und bemerkte, dass es den anderen genauso ging.
Buck podia sentir isso em seus ossos e percebeu que os outros também sentiam.
Dann blieb eines Morgens der Propeller stehen und alles war still.
Então, uma manhã, a hélice parou e tudo ficou quieto.
Eine Energie durchströmte das Schiff; etwas hatte sich verändert.
Uma energia percorreu a nave; algo havia mudado.
François kam herunter, legte ihnen die Leinen an und brachte sie hoch.
François desceu, prendeu-os nas coleiras e os trouxe para cima.
Buck stieg aus und fand den Boden weich, weiß und kalt.
Buck saiu e encontrou o chão macio, branco e frio.
Er sprang erschrocken zurück und schnaubte völlig verwirrt.
Ele pulou para trás, alarmado, e bufou, totalmente confuso.
Seltsames weißes Zeug fiel vom grauen Himmel.
Uma coisa branca estranha estava caindo do céu cinza.
Er schüttelte sich, aber die weißen Flocken landeten immer wieder auf ihm.
Ele se sacudiu, mas os flocos brancos continuavam caindo nele.
Er roch vorsichtig an dem weißen Zeug und leckte an ein paar eisigen Stückchen.
Ele cheirou a substância branca cuidadosamente e lambeu alguns pedaços congelados.
Das Pulver brannte wie Feuer und verschwand dann einfach von seiner Zunge.
O pó queimou como fogo e depois desapareceu de sua língua.
Buck versuchte es noch einmal und war verwirrt über die seltsame, verschwindende Kälte.
Buck tentou novamente, intrigado pelo estranho frio que desaparecia.
Die Männer um ihn herum lachten und Buck war verlegen.

Os homens ao redor dele riram e Buck se sentiu envergonhado.
Er wusste nicht warum, aber er schämte sich für seine Reaktion.
Ele não sabia porquê, mas estava envergonhado de sua reação.
Es war seine erste Erfahrung mit Schnee und es verwirrte ihn.
Foi sua primeira experiência com neve e isso o deixou confuso.

Das Gesetz von Keule und Fang
A Lei do Clube e da Presa

Bucks erster Tag am Strand von Dyea fühlte sich wie ein schrecklicher Albtraum an.
O primeiro dia de Buck na praia de Dyea pareceu um pesadelo terrível.
Jede Stunde brachte neue Schocks und unerwartete Veränderungen für Buck.
Cada hora trazia novos choques e mudanças inesperadas para Buck.
Er war aus der Zivilisation gerissen und ins wilde Chaos gestürzt worden.
Ele foi arrancado da civilização e jogado no caos selvagem.
Dies war kein sonniges, faules Leben mit Langeweile und Ruhe.
Não era uma vida ensolarada, preguiçosa, cheia de tédio e descanso.
Es gab keinen Frieden, keine Ruhe und keinen Moment ohne Gefahr.
Não havia paz, nem descanso, nem momento algum sem perigo.
Überall herrschte Verwirrung und die Gefahr war immer in der Nähe.
A confusão reinava em tudo e o perigo estava sempre por perto.
Buck musste wachsam bleiben, denn diese Männer und Hunde waren anders.
Buck teve que ficar alerta porque esses homens e cães eram diferentes.
Sie kamen nicht aus der Stadt, sie waren wild und gnadenlos.
Eles não eram de cidades; eram selvagens e sem misericórdia.
Diese Männer und Hunde kannten nur das Gesetz der Keule und der Reißzähne.
Esses homens e cães só conheciam a lei da clava e das presas.

Buck hatte noch nie Hunde so kämpfen sehen wie diese wilden Huskys.
Buck nunca tinha visto cães brigarem como esses huskies selvagens.
Seine erste Erfahrung lehrte ihn eine Lektion, die er nie vergessen würde.
Sua primeira experiência lhe ensinou uma lição que ele nunca esqueceria.
Er hatte Glück, dass er es nicht war, sonst wäre auch er gestorben.
Ele teve sorte de não ter sido ele, ou ele também teria morrido.
Curly war derjenige, der litt, während Buck zusah und lernte.
Curly foi quem sofreu enquanto Buck observava e aprendia.
Sie hatten ihr Lager in der Nähe eines aus Baumstämmen gebauten Ladens aufgeschlagen.
Eles montaram acampamento perto de uma loja construída com toras.
Curly versuchte, einem großen, wolfsähnlichen Husky gegenüber freundlich zu sein.
Curly tentou ser amigável com um grande husky parecido com um lobo.
Der Husky war kleiner als Curly, sah aber wild und böse aus.
O husky era menor que Curly, mas parecia selvagem e malvado.
Ohne Vorwarnung sprang er auf und schlug ihr ins Gesicht.
Sem aviso, ele pulou e abriu o rosto dela.
Seine Zähne schnitten in einer Bewegung von ihrem Auge bis zu ihrem Kiefer.
Os dentes dele cortaram do olho dela até o maxilar em um só movimento.
So kämpften Wölfe: Sie schlugen schnell zu und sprangen weg.
Era assim que os lobos lutavam: atacavam rápido e pulavam para longe.
Aber es gab mehr zu lernen als nur diesen einen Angriff.

Mas havia mais a aprender do que apenas naquele ataque.
Dutzende Huskys stürmten herein und bildeten einen stillen Kreis.
Dezenas de huskies correram e formaram um círculo silencioso.
Sie schauten aufmerksam zu und leckten sich hungrig die Lippen.
Eles observavam atentamente e lambiam os lábios de fome.
Buck verstand weder ihr Schweigen noch ihre begierigen Blicke.
Buck não entendia o silêncio deles nem seus olhares ansiosos.
Curly stürzte sich ein zweites Mal auf den Husky, um ihn anzugreifen.
Curly correu para atacar o husky uma segunda vez.
Mit einer kräftigen Bewegung seiner Brust warf er sie um.
Ele usou o peito para derrubá-la com um movimento forte.
Sie fiel auf die Seite und konnte nicht wieder aufstehen.
Ela caiu de lado e não conseguiu se levantar.
Darauf hatten die anderen die ganze Zeit gewartet.
Era isso que os outros estavam esperando o tempo todo.
Die Huskies sprangen sie an und jaulten und knurrten wie wild.
Os huskies pularam sobre ela, gritando e rosnando freneticamente.
Sie schrie, als sie unter einem Haufen Hunde begruben.
Ela gritou quando a enterraram sob uma pilha de cachorros.
Der Angriff erfolgte so schnell, dass Buck vor Schreck erstarrte.
O ataque foi tão rápido que Buck ficou paralisado em choque.
Er sah, wie Spitz die Zunge herausstreckte, als würde er lachen.
Ele viu Spitz colocar a língua para fora de um jeito que parecia uma risada.
François schnappte sich eine Axt und rannte direkt in die Hundegruppe hinein.
François pegou um machado e correu direto para o grupo de cães.

Drei weitere Männer halfen mit Knüppeln, die Huskies zu vertreiben.
Três outros homens usaram cassetetes para ajudar a espantar os huskies.
In nur zwei Minuten war der Kampf vorbei und die Hunde waren verschwunden.
Em apenas dois minutos, a luta acabou e os cães foram embora.
Curly lag tot im roten, zertrampelten Schnee, ihr Körper war zerfetzt.
Curly jazia morta na neve vermelha e pisoteada, com o corpo despedaçado.
Ein dunkelhäutiger Mann stand über ihr und verfluchte die brutale Szene.
Um homem de pele escura estava de pé sobre ela, amaldiçoando a cena brutal.
Die Erinnerung blieb bei Buck und verfolgte ihn nachts in seinen Träumen.
A lembrança permaneceu com Buck e assombrava seus sonhos à noite.
So war es hier: keine Fairness, keine zweite Chance.
Esse era o jeito aqui: sem justiça, sem segunda chance.
Sobald ein Hund fiel, töteten die anderen ihn gnadenlos.
Quando um cachorro caía, os outros o matavam sem piedade.
Buck beschloss damals, dass er niemals zulassen würde, dass er fällt.
Buck decidiu então que nunca se deixaria cair.
Spitz streckte erneut die Zunge heraus und lachte über das Blut.
Spitz mostrou a língua novamente e riu do sangue.
Von diesem Moment an hasste Buck Spitz aus vollem Herzen.
Daquele momento em diante, Buck odiou Spitz de todo o coração.

Bevor Buck sich von Curlys Tod erholen konnte, passierte etwas Neues.

Antes que Buck pudesse se recuperar da morte de Curly, algo novo aconteceu.
François kam herüber und schnallte etwas um Bucks Körper.
François se aproximou e amarrou algo ao redor do corpo de Buck.
Es war ein Geschirr wie das, das auf der Ranch für Pferde verwendet wurde.
Era um arreio como os usados nos cavalos da fazenda.
Buck hatte gesehen, wie Pferde arbeiteten, und nun musste auch er arbeiten.
Assim como Buck tinha visto os cavalos trabalharem, agora ele também era obrigado a trabalhar.
Er musste François auf einem Schlitten in den nahegelegenen Wald ziehen.
Ele teve que puxar François em um trenó para a floresta próxima.
Anschließend musste er eine Ladung schweres Brennholz zurückziehen.
Depois ele teve que puxar uma carga pesada de lenha.
Buck war stolz und deshalb tat es ihm weh, wie ein Arbeitstier behandelt zu werden.
Buck era orgulhoso, então ficava magoado ao ser tratado como um animal de trabalho.
Aber er war klug und versuchte nicht, gegen die neue Situation anzukämpfen.
Mas ele era sábio e não tentou lutar contra a nova situação.
Er akzeptierte sein neues Leben und gab bei jeder Aufgabe sein Bestes.
Ele aceitou sua nova vida e deu o melhor de si em cada tarefa.
Alles an der Arbeit war ihm fremd und ungewohnt.
Tudo no trabalho era estranho e desconhecido para ele.
François war streng und verlangte unverzüglichen Gehorsam.
Francisco era rigoroso e exigia obediência sem demora.
Seine Peitsche sorgte dafür, dass jeder Befehl sofort befolgt wurde.

Seu chicote garantia que cada comando fosse seguido imediatamente.

Dave war der Schlittenführer, der Hund, der dem Schlitten hinter Buck am nächsten war.
Dave era o condutor do trenó, e o cachorro ficava mais próximo dele, atrás de Buck.

Dave biss Buck in die Hinterbeine, wenn er einen Fehler machte.
Dave mordia Buck nas patas traseiras se ele cometesse um erro.

Spitz war der Leithund und in dieser Rolle geschickt und erfahren.
Spitz era o cão líder, habilidoso e experiente na função.

Spitz konnte Buck nicht leicht erreichen, korrigierte ihn aber trotzdem.
Spitz não conseguiu alcançar Buck facilmente, mas mesmo assim o corrigiu.

Er knurrte barsch oder zog den Schlitten auf eine Art, die Buck etwas beibrachte.
Ele rosnava asperamente ou puxava o trenó de um jeito que ensinava Buck.

Durch dieses Training lernte Buck schneller, als alle erwartet hatten.
Com esse treinamento, Buck aprendeu mais rápido do que qualquer um deles esperava.

Er hat hart gearbeitet und sowohl von François als auch von den anderen Hunden gelernt.
Ele trabalhou duro e aprendeu com François e os outros cães.

Als sie zurückkamen, kannte Buck die wichtigsten Befehle bereits.
Quando retornaram, Buck já conhecia os comandos principais.

Von François hat er gelernt, beim Laut „ho" anzuhalten.
Ele aprendeu a parar ao som de "ho" com François.

Er lernte, wann er den Schlitten ziehen und rennen musste.
Ele aprendeu quando tinha que puxar o trenó e correr.

Er lernte, in den Kurven des Weges ohne Probleme weit abzubiegen.

Ele aprendeu a fazer curvas abertas na trilha sem problemas.
Er lernte auch, Dave auszuweichen, wenn der Schlitten schnell bergab fuhr.
Ele também aprendeu a evitar Dave quando o trenó descia rapidamente.
„Das sind sehr gute Hunde", sagte François stolz zu Perrault.
"Eles são cães muito bons", disse François orgulhosamente a Perrault.
„Dieser Buck zieht wie der Teufel – ich bringe ihm das so schnell bei, wie ich nur kann."
"Aquele Buck puxa muito bem, eu o ensino rápido como nunca."

Später am Tag kam Perrault mit zwei weiteren Huskys zurück.
Mais tarde naquele dia, Perrault voltou com mais dois cães husky.
Ihre Namen waren Billee und Joe und sie waren Brüder.
Os nomes deles eram Billee e Joe, e eles eram irmãos.
Sie stammten von derselben Mutter, waren sich aber überhaupt nicht ähnlich.
Eles vieram da mesma mãe, mas não eram nada parecidos.
Billee war gutmütig und zu allen sehr freundlich.
Billee era doce e muito amigável com todos.
Joe war das Gegenteil – ruhig, wütend und immer am Knurren.
Joe era o oposto: quieto, irritado e sempre rosnando.
Buck begrüßte sie freundlich und blieb beiden gegenüber ruhig.
Buck os cumprimentou de forma amigável e estava calmo com ambos.
Dave schenkte ihnen keine Beachtung und blieb wie üblich still.
Dave não prestou atenção neles e permaneceu em silêncio, como sempre.
Um seine Dominanz zu demonstrieren, griff Spitz zuerst Billee und dann Joe an.

Spitz atacou primeiro Billee, depois Joe, para mostrar seu domínio.
Billee wedelte mit dem Schwanz und versuchte, freundlich zu Spitz zu sein.
Billee abanou o rabo e tentou ser amigável com Spitz.
Als das nicht funktionierte, versuchte er stattdessen wegzulaufen.
Quando isso não funcionou, ele tentou fugir.
Er weinte traurig, als Spitz ihn fest in die Seite biss.
Ele chorou tristemente quando Spitz o mordeu com força na lateral do corpo.
Aber Joe war ganz anders und ließ sich nicht einschüchtern.
Mas Joe era muito diferente e se recusava a ser intimidado.
Jedes Mal, wenn Spitz näher kam, drehte sich Joe schnell um, um ihm in die Augen zu sehen.
Toda vez que Spitz se aproximava, Joe se virava rapidamente para encará-lo.
Sein Fell sträubte sich, seine Lippen kräuselten sich und seine Zähne schnappten wild.
Seus pelos se eriçaram, seus lábios se curvaram e seus dentes estalaram violentamente.
Joes Augen glänzten vor Angst und Wut und forderten Spitz heraus, zuzuschlagen.
Os olhos de Joe brilharam de medo e raiva, desafiando Spitz a atacar.
Spitz gab den Kampf auf und wandte sich gedemütigt und wütend ab.
Spitz desistiu da luta e se virou, humilhado e irritado.
Er ließ seine Frustration an dem armen Billee aus und jagte ihn davon.
Ele descontou sua frustração no pobre Billee e o expulsou.
An diesem Abend fügte Perrault dem Team einen weiteren Hund hinzu.
Naquela noite, Perrault acrescentou mais um cão à equipe.
Dieser Hund war alt, mager und mit Kampfnarben übersät.
Este cão era velho, magro e coberto de cicatrizes de batalha.

Eines seiner Augen fehlte, doch das andere blitzte kraftvoll auf.
Um dos seus olhos estava faltando, mas o outro brilhava com poder.
Der neue Hund hieß Solleks, was „der Wütende" bedeutet.
O nome do novo cachorro era Solleks, que significa o Zangado.
Wie Dave verlangte Solleks nichts von anderen und gab nichts zurück.
Assim como Dave, Solleks não pedia nada aos outros e não dava nada em troca.
Als Solleks langsam ins Lager ging, blieb sogar Spitz fern.
Quando Solleks caminhou lentamente em direção ao acampamento, até Spitz ficou longe.
Er hatte eine seltsame Angewohnheit, die Buck unglücklicherweise entdeckte.
Ele tinha um hábito estranho que Buck teve o azar de descobrir.
Solleks hasste es, von der Seite angesprochen zu werden, auf der er blind war.
Solleks odiava ser abordado pelo lado em que era cego.
Buck wusste das nicht und machte diesen Fehler versehentlich.
Buck não sabia disso e cometeu esse erro por acidente.
Solleks wirbelte herum und versetzte Buck einen schnellen, tiefen Schlag auf die Schulter.
Solleks girou e golpeou o ombro de Buck de forma rápida e profunda.
Von diesem Moment an kam Buck nie wieder in die Nähe von Solleks' blinder Seite.
Daquele momento em diante, Buck nunca mais chegou perto do ponto cego de Solleks.
Für den Rest ihrer gemeinsamen Zeit gab es nie wieder Probleme.
Eles nunca mais tiveram problemas durante o tempo que passaram juntos.

Solleks wollte nur in Ruhe gelassen werden, wie der ruhige Dave.
Solleks só queria ficar sozinho, como o quieto Dave.
Doch Buck erfuhr später, dass jeder von ihnen ein anderes geheimes Ziel hatte.
Mas Buck descobriria mais tarde que cada um deles tinha outro objetivo secreto.
In dieser Nacht stand Buck vor einer neuen und beunruhigenden Herausforderung: Wie sollte er schlafen?
Naquela noite, Buck enfrentou um novo e preocupante desafio: como dormir.
Das Zelt leuchtete warm im Kerzenlicht auf dem schneebedeckten Feld.
A tenda brilhava intensamente com a luz de velas no campo nevado.
Buck ging hinein und dachte, er könnte sich dort wie zuvor ausruhen.
Buck entrou, pensando que poderia descansar ali como antes.
Aber Perrault und François schrien ihn an und warfen Pfannen.
Mas Perrault e François gritaram com ele e jogaram panelas.
Schockiert und verwirrt rannte Buck in die eisige Kälte hinaus.
Chocado e confuso, Buck correu para o frio congelante.
Ein bitterkalter Wind stach ihm in die verletzte Schulter und ließ seine Pfoten erfrieren.
Um vento cortante atingiu seu ombro ferido e congelou suas patas.
Er legte sich in den Schnee und versuchte, im Freien zu schlafen.
Ele deitou-se na neve e tentou dormir ao relento.
Doch die Kälte zwang ihn bald, heftig zitternd wieder aufzustehen.
Mas o frio logo o forçou a se levantar, tremendo muito.
Er wanderte durch das Lager und versuchte, ein wärmeres Plätzchen zu finden.

Ele vagou pelo acampamento, tentando encontrar um lugar mais quente.
Aber jede Ecke war genauso kalt wie die vorherige.
Mas cada canto era tão frio quanto o anterior.
Manchmal sprangen ihn wilde Hunde aus der Dunkelheit an.
Às vezes, cães selvagens saltavam sobre ele da escuridão.
Buck sträubte sein Fell, fletschte die Zähne und knurrte warnend.
Buck eriçou o pelo, mostrou os dentes e rosnou em advertência.
Er lernte schnell und die anderen Hunde zogen sich schnell zurück.
Ele estava aprendendo rápido, e os outros cães recuaram rapidamente.
Trotzdem hatte er keinen Platz zum Schlafen und keine Ahnung, was er tun sollte.
Ainda assim, ele não tinha onde dormir e nem ideia do que fazer.
Endlich kam ihm ein Gedanke: Er sollte nach seinen Teamkollegen sehen.
Por fim, um pensamento lhe ocorreu: verificar seus companheiros de equipe.
Er kehrte in ihre Gegend zurück und war überrascht, dass sie verschwunden waren.
Ele retornou à área deles e ficou surpreso ao descobrir que eles haviam sumido.
Erneut durchsuchte er das Lager, konnte sie jedoch immer noch nicht finden.
Ele procurou novamente pelo acampamento, mas ainda não conseguiu encontrá-los.
Er wusste, dass sie nicht im Zelt sein durften, sonst wäre er auch dort gewesen.
Ele sabia que eles não poderiam ficar na tenda, ou ele também ficaria.
Wo also waren all die Hunde in diesem eisigen Lager geblieben?

Então, para onde foram todos os cães neste acampamento congelado?

Buck, kalt und elend, umrundete langsam das Zelt.

Buck, com frio e infeliz, circulou lentamente ao redor da tenda.

Plötzlich sanken seine Vorderbeine in den weichen Schnee und er erschrak.

De repente, suas patas dianteiras afundaram na neve fofa e o assustaram.

Etwas zappelte unter seinen Füßen und er sprang ängstlich zurück.

Algo se contorceu sob seus pés e ele pulou para trás, assustado.

Er knurrte und fauchte, ohne zu wissen, was sich unter dem Schnee verbarg.

Ele rosnou e rosnou, sem saber o que havia sob a neve.

Dann hörte er ein freundliches kleines Bellen, das seine Angst linderte.

Então ele ouviu um latido amigável que aliviou seu medo.

Er schnüffelte in der Luft und kam näher, um zu sehen, was verborgen war.

Ele cheirou o ar e se aproximou para ver o que estava escondido.

Unter dem Schnee lag, zu einer warmen Kugel zusammengerollt, der kleine Billee.

Debaixo da neve, enrolada como uma bola quente, estava a pequena Billee.

Billee wedelte mit dem Schwanz und leckte Bucks Gesicht zur Begrüßung.

Billee abanou o rabo e lambeu o rosto de Buck para cumprimentá-lo.

Buck sah, wie Billee im Schnee einen Schlafplatz gebaut hatte.

Buck viu como Billee havia feito um lugar para dormir na neve.

Er hatte sich eingegraben und nutzte seine eigene Wärme, um sich warm zu halten.

Ele cavou e usou seu próprio calor para se manter aquecido.

Buck hatte eine weitere Lektion gelernt – so schliefen die Hunde.
Buck aprendeu outra lição: era assim que os cães dormiam.
Er suchte sich eine Stelle aus und begann, sein eigenes Loch in den Schnee zu graben.
Ele escolheu um local e começou a cavar seu próprio buraco na neve.
Anfangs bewegte er sich zu viel und verschwendete Energie.
No começo, ele se movimentava muito e desperdiçava energia.
Doch bald erwärmte sein Körper den Raum und er fühlte sich sicher.
Mas logo seu corpo aqueceu o espaço e ele se sentiu seguro.
Er rollte sich fest zusammen und schlief bald fest.
Ele se enrolou fortemente e em pouco tempo estava dormindo profundamente.
Der Tag war lang und hart gewesen und Buck war erschöpft.
O dia tinha sido longo e difícil, e Buck estava exausto.
Er schlief tief und fest, obwohl seine Träume wild waren.
Ele dormia profundamente e confortavelmente, embora seus sonhos fossem selvagens.
Er knurrte und bellte im Schlaf und wand sich im Traum.
Ele rosnou e latiu enquanto dormia, se contorcendo enquanto sonhava.

Buck wachte erst auf, als im Lager bereits Leben erwachte.
Buck só acordou quando o acampamento já estava ganhando vida.
Zuerst wusste er nicht, wo er war oder was passiert war.
No início, ele não sabia onde estava ou o que tinha acontecido.
Über Nacht war Schnee gefallen und hatte seinen Körper vollständig begraben.
A neve caiu durante a noite e enterrou completamente seu corpo.
Der Schnee umgab ihn von allen Seiten dicht.
A neve o comprimia por todos os lados.

Plötzlich durchfuhr eine Welle der Angst Bucks ganzen Körper.
De repente, uma onda de medo percorreu todo o corpo de Buck.
Es war die Angst, gefangen zu sein, eine Angst aus tiefen Instinkten.
Era o medo de ficar preso, um medo de instintos profundos.
Obwohl er noch nie eine Falle gesehen hatte, lebte die Angst in ihm.
Embora nunca tivesse visto uma armadilha, o medo vivia dentro dele.
Er war ein zahmer Hund, aber jetzt erwachten seine alten wilden Instinkte.
Ele era um cão domesticado, mas agora seus velhos instintos selvagens estavam despertando.
Bucks Muskeln spannten sich an und sein Fell stellte sich auf seinem ganzen Rücken auf.
Os músculos de Buck ficaram tensos e os pelos de suas costas ficaram eriçados.
Er knurrte wild und sprang senkrecht durch den Schnee nach oben.
Ele rosnou ferozmente e saltou direto da neve.
Als er ins Tageslicht trat, flog Schnee in alle Richtungen.
A neve voava em todas as direções quando ele irrompeu na luz do dia.
Schon vor der Landung sah Buck das Lager vor sich ausgebreitet.
Antes mesmo de pousar, Buck viu o acampamento se espalhando diante dele.
Er erinnerte sich auf einmal an alles vom Vortag.
Ele se lembrou de tudo do dia anterior, de uma só vez.
Er erinnerte sich daran, wie er mit Manuel spazieren gegangen war und an diesem Ort gelandet war.
Ele se lembra de ter passeado com Manuel e ter chegado a esse lugar.
Er erinnerte sich daran, wie er das Loch gegraben hatte und in der Kälte eingeschlafen war.

Ele se lembrou de cavar o buraco e adormecer no frio.
Jetzt war er wach und die wilde Welt um ihn herum war klar.
Agora ele estava acordado, e o mundo selvagem ao seu redor estava claro.
Ein Ruf von François begrüßte Bucks plötzliches Auftauchen.
Um grito de François saudou a aparição repentina de Buck.
„Was habe ich gesagt?", rief der Hundeführer Perrault laut zu.
"O que eu disse?" gritou alto o condutor do cão para Perrault.
„Dieser Buck lernt wirklich sehr schnell", fügte François hinzu.
"Aquele Buck com certeza aprende rápido", acrescentou François.
Perrault nickte ernst und war offensichtlich mit dem Ergebnis zufrieden.
Perrault assentiu gravemente, claramente satisfeito com o resultado.
Als Kurier für die kanadische Regierung beförderte er Depeschen.
Como mensageiro do governo canadense, ele transportava despachos.
Er war bestrebt, die besten Hunde für seine wichtige Mission zu finden.
Ele estava ansioso para encontrar os melhores cães para sua importante missão.
Er war besonders erfreut, dass Buck nun Teil des Teams war.
Ele se sentia especialmente satisfeito agora que Buck fazia parte da equipe.
Innerhalb einer Stunde kamen drei weitere Huskies zum Team hinzu.
Mais três huskies foram adicionados à equipe em uma hora.
Damit betrug die Gesamtzahl der Hunde im Team neun.
Isso elevou o número total de cães na equipe para nove.
Innerhalb von fünfzehn Minuten lagen alle Hunde im Geschirr.

Em quinze minutos todos os cães estavam com seus arreios.
Das Schlittenteam schwang sich den Weg hinauf in Richtung Dyea Cañon.
A equipe de trenó subia a trilha em direção ao Cañon Dyea.
Buck war froh, gehen zu können, auch wenn die Arbeit, die vor ihm lag, hart war.
Buck estava feliz por partir, mesmo que o trabalho pela frente fosse difícil.
Er stellte fest, dass er weder die Arbeit noch die Kälte besonders verabscheute.
Ele descobriu que não desprezava particularmente o trabalho ou o frio.
Er war überrascht von der Begeisterung, die das gesamte Team erfüllte.
Ele ficou surpreso com a empolgação que tomou conta de toda a equipe.
Noch überraschender war die Veränderung, die bei Dave und Solleks vor sich ging.
Ainda mais surpreendente foi a mudança que ocorreu em Dave e Solleks.
Diese beiden Hunde waren völlig unterschiedlich, als sie ein Geschirr trugen.
Esses dois cães eram completamente diferentes quando estavam atrelados.
Ihre Passivität und Sorglosigkeit waren völlig verschwunden.
Sua passividade e falta de preocupação haviam desaparecido completamente.
Sie waren aufmerksam und aktiv und bestrebt, ihre Arbeit gut zu machen.
Eles estavam alertas e ativos, e ansiosos para fazer bem o seu trabalho.
Sie reagierten äußerst verärgert über alles, was zu Verzögerungen oder Verwirrung führte.
Eles ficavam extremamente irritados com qualquer coisa que causasse atraso ou confusão.

Die harte Arbeit an den Zügeln stand im Mittelpunkt ihres gesamten Wesens.
O trabalho duro nas rédeas era o centro de todo o seu ser.
Das Schlittenziehen schien das Einzige zu sein, was ihnen wirklich Spaß machte.
Puxar trenós parecia ser a única coisa que eles realmente gostavam.
Dave war am Ende der Gruppe und dem Schlitten am nächsten.
Dave estava no fundo do grupo, mais próximo do trenó.
Buck landete vor Dave und Solleks zog an Buck vorbei.
Buck foi colocado na frente de Dave, e Solleks saiu na frente de Buck.
Die übrigen Hunde liefen in einer Reihe vorn.
O resto dos cães estava disposto à frente em uma única fila.
Die Führungsposition an der Spitze besetzte Spitz.
A posição de liderança na frente foi ocupada por Spitz.
Buck war zur Einweisung zwischen Dave und Solleks platziert worden.
Buck foi colocado entre Dave e Solleks para receber instruções.
Er lernte schnell und sie waren strenge und fähige Lehrer.
Ele aprendia rápido, e eles eram professores firmes e capazes.
Sie ließen nie zu, dass Buck lange im Irrtum blieb.
Eles nunca permitiram que Buck permanecesse no erro por muito tempo.
Sie erteilten ihre Lektionen, wenn nötig, mit scharfen Zähnen.
Eles ensinavam suas lições com dentes afiados quando necessário.
Dave war fair und zeigte eine ruhige, ernste Art von Weisheit.
Dave era justo e demonstrava um tipo de sabedoria séria e tranquila.
Er hat Buck nie ohne guten Grund gebissen.
Ele nunca mordeu Buck sem um bom motivo para isso.
Aber er hat es nie versäumt, zuzubeißen, wenn Buck eine Korrektur brauchte.

Mas ele nunca deixou de morder quando Buck precisava de correção.

François' Peitsche war immer bereit und untermauerte ihre Autorität.

O chicote de François estava sempre pronto e reforçava sua autoridade.

Buck merkte bald, dass es besser war zu gehorchen, als sich zu wehren.

Buck logo descobriu que era melhor obedecer do que revidar.

Einmal verhedderte sich Buck während einer kurzen Pause in den Zügeln.

Certa vez, durante um breve descanso, Buck se enroscou nas rédeas.

Er verzögerte den Start und brachte die Bewegungen des Teams durcheinander.

Ele atrasou a largada e atrapalhou o movimento do time.

Dave und Solleks stürzten sich auf ihn und verprügelten ihn brutal.

Dave e Solleks voaram em sua direção e lhe deram uma surra violenta.

Das Gewirr wurde nur noch schlimmer, aber Buck lernte seine Lektion.

A confusão só piorou, mas Buck aprendeu bem a lição.

Von da an hielt er die Zügel straff und arbeitete vorsichtig.

A partir daí, ele manteve as rédeas esticadas e trabalhou com cuidado.

Bevor der Tag zu Ende war, hatte Buck einen Großteil seiner Aufgabe gemeistert.

Antes do dia terminar, Buck já havia dominado grande parte de sua tarefa.

Seine Teamkollegen hörten fast auf, ihn zu korrigieren oder zu beißen.

Seus companheiros de equipe quase pararam de corrigi-lo ou mordê-lo.

François' Peitsche knallte immer seltener durch die Luft.

O chicote de François estalava no ar cada vez menos.

Perrault hob sogar Bucks Füße an und untersuchte sorgfältig jede Pfote.
Perrault até levantou os pés de Buck e examinou cuidadosamente cada pata.
Es war ein harter Tageslauf gewesen, lang und anstrengend für alle.
Foi um dia de corrida difícil, longo e exaustivo para todos eles.
Sie reisten den Cañon hinauf, durch Sheep Camp und an den Scales vorbei.
Eles viajaram pelo Cañon, passaram pelo Sheep Camp e passaram pelas Scales.
Sie überquerten die Baumgrenze, dann Gletscher und meterhohe Schneeverwehungen.
Eles cruzaram a linha de madeira, depois geleiras e montes de neve com muitos metros de profundidade.
Sie erklommen die große, kalte und unwirtliche Chilkoot-Wasserscheide.
Eles escalaram a grande e fria Chilkoot Divide.
Dieser hohe Bergrücken lag zwischen Salzwasser und dem gefrorenen Landesinneren.
Aquela alta crista ficava entre a água salgada e o interior congelado.
Die Berge bewachten den traurigen und einsamen Norden mit Eis und steilen Anstiegen.
As montanhas guardavam o triste e solitário Norte com gelo e subidas íngremes.
Sie kamen gut voran und erreichten eine lange Kette von Seen unterhalb der Wasserscheide.
Eles percorreram em bom tempo uma longa cadeia de lagos abaixo da divisão.
Diese Seen füllten die alten Krater erloschener Vulkane.
Esses lagos preenchiam as antigas crateras de vulcões extintos.
Spät in der Nacht erreichten sie ein großes Lager am Lake Bennett.
Mais tarde naquela noite, eles chegaram a um grande acampamento no Lago Bennett.

Tausende Goldsucher waren dort und bauten Boote für den Frühling.
Milhares de garimpeiros estavam lá, construindo barcos para a primavera.
Das Eis würde bald aufbrechen und sie mussten bereit sein.
O gelo iria quebrar em breve e eles tinham que estar preparados.
Buck grub sein Loch in den Schnee und fiel in einen tiefen Schlaf.
Buck cavou seu buraco na neve e caiu em um sono profundo.
Er schlief wie ein Arbeiter, erschöpft von einem harten Arbeitstag.
Ele dormia como um trabalhador, exausto do duro dia de trabalho.
Doch zu früh wurde er in der Dunkelheit aus dem Schlaf gerissen.
Mas muito cedo na escuridão, ele foi arrancado do sono.
Er wurde wieder mit seinen Kumpels angeschirrt und vor den Schlitten gespannt.
Ele foi atrelado novamente aos seus companheiros e preso ao trenó.
An diesem Tag legten sie sechzig Kilometer zurück, weil der Schnee festgetreten war.
Naquele dia eles percorreram sessenta quilômetros, pois a neve estava bem batida.
Am nächsten Tag und noch viele Tage danach war der Schnee weich.
No dia seguinte, e por muitos dias depois, a neve estava macia.
Sie mussten den Weg selbst bahnen, härter arbeiten und langsamer vorankommen.
Eles tiveram que abrir o caminho sozinhos, trabalhando mais e indo mais devagar.
Normalerweise ging Perrault mit Schwimmhäuten an den Schneeschuhen vor dem Team her.
Normalmente, Perrault caminhava à frente da equipe com raquetes de neve com membranas.

Seine Schritte verdichteten den Schnee und erleichterten so die Fortbewegung des Schlittens.
Seus passos compactavam a neve, facilitando a movimentação do trenó.
François, der vom Steuerstand aus steuerte, übernahm manchmal die Kontrolle.
François, que comandava do outro lado do campo, às vezes assumia o comando.
Aber es kam selten vor, dass François die Führung übernahm
Mas era raro que François assumisse a liderança
weil Perrault es eilig hatte, die Briefe und Pakete auszuliefern.
porque Perrault estava com pressa para entregar as cartas e encomendas.
Perrault war stolz auf sein Wissen über Schnee und insbesondere Eis.
Perrault tinha orgulho de seu conhecimento sobre neve, especialmente gelo.
Dieses Wissen war von entscheidender Bedeutung, da das Eis im Herbst gefährlich dünn war.
Esse conhecimento era essencial, porque o gelo do outono era perigosamente fino.
Wo das Wasser unter der Oberfläche schnell floss, gab es überhaupt kein Eis.
Onde a água fluía rapidamente abaixo da superfície, não havia gelo algum.

Tag für Tag wiederholte sich endlos die gleiche Routine.
Dia após dia, a mesma rotina se repetia sem fim.
Buck arbeitete unermüdlich von morgens bis abends in den Zügeln.
Buck trabalhou incansavelmente nas rédeas, do amanhecer até a noite.
Sie verließen das Lager im Dunkeln, lange bevor die Sonne aufgegangen war.

Eles deixaram o acampamento no escuro, muito antes do sol nascer.
Als es Tag wurde, hatten sie bereits viele Kilometer zurückgelegt.
Quando o dia amanheceu, muitos quilômetros já haviam sido percorridos.
Sie schlugen ihr Lager nach Einbruch der Dunkelheit auf, aßen Fisch und gruben sich in den Schnee ein.
Eles montaram acampamento depois de escurecer, comendo peixe e cavando na neve.
Buck war immer hungrig und mit seiner Ration nie wirklich zufrieden.
Buck estava sempre com fome e nunca ficava realmente satisfeito com sua ração.
Er erhielt jeden Tag anderthalb Pfund getrockneten Lachs.
Ele recebia meio quilo de salmão seco por dia.
Doch das Essen schien in ihm zu verschwinden und ließ den Hunger zurück.
Mas a comida parecia desaparecer dentro dele, deixando a fome para trás.
Er litt unter ständigem Hunger und träumte von mehr Essen.
Ele sofria constantes pontadas de fome e sonhava com mais comida.
Die anderen Hunde haben nur ein Pfund abgenommen, sind aber stark geblieben.
Os outros cães ganharam apenas meio quilo, mas permaneceram fortes.
Sie waren kleiner und in das Leben im Norden hineingeboren.
Eles eram menores e tinham nascido na vida do norte.
Er verlor rasch die Sorgfalt, die sein früheres Leben geprägt hatte.
Ele rapidamente perdeu a meticulosidade que marcava sua antiga vida.
Er war ein gieriger Esser gewesen, aber jetzt war das nicht mehr möglich.

Ele era um comilão delicado, mas agora isso não era mais possível.
Seine Kameraden waren zuerst fertig und raubten ihm seine noch nicht aufgegessene Ration.
Seus companheiros terminaram primeiro e roubaram sua ração inacabada.
Als sie einmal damit anfingen, gab es keine Möglichkeit mehr, sein Essen vor ihnen zu verteidigen.
Depois que eles começaram, não havia mais como defender sua comida deles.
Während er zwei oder drei Hunde abwehrte, stahlen die anderen den Rest.
Enquanto ele lutava contra dois ou três cães, os outros roubaram o resto.
Um dies zu beheben, begann er, so schnell zu essen wie die anderen.
Para consertar isso, ele começou a comer tão rápido quanto os outros comiam.
Der Hunger trieb ihn so sehr an, dass er sogar Essen zu sich nahm, das ihm nicht gehörte.
A fome o pressionava tanto que ele chegou a aceitar comida que não era sua.
Er beobachtete die anderen und lernte schnell aus ihren Handlungen.
Ele observou os outros e aprendeu rapidamente com suas ações.
Er sah, wie Pike, ein neuer Hund, Perrault eine Scheibe Speck stahl.
Ele viu Pike, um cachorro novo, roubar uma fatia de bacon de Perrault.
Pike hatte gewartet, bis Perrault sich umdrehte, um den Speck zu stehlen.
Pike esperou até que Perrault virasse as costas para roubar o bacon.
Am nächsten Tag machte Buck es Pike nach und stahl das ganze Stück.
No dia seguinte, Buck copiou Pike e roubou o pedaço inteiro.

Es folgte ein großer Aufruhr, doch Buck wurde nicht verdächtigt.
Seguiu-se um grande alvoroço, mas Buck não foi suspeito.
Stattdessen wurde Dub bestraft, ein tollpatschiger Hund, der immer erwischt wurde.
Dub, um cão desajeitado que sempre era pego, foi punido.
Dieser erste Diebstahl machte Buck zu einem Hund, der in der Lage war, im Norden zu überleben.
Aquele primeiro roubo marcou Buck como um cão apto a sobreviver no Norte.
Er zeigte, dass er sich an neue Bedingungen anpassen und schnell lernen konnte.
Ele mostrou que conseguia se adaptar a novas condições e aprender rapidamente.
Ohne diese Anpassungsfähigkeit wäre er schnell und auf schlimme Weise gestorben.
Sem essa adaptabilidade, ele teria morrido rápida e gravemente.
Es markierte auch den Zusammenbruch seiner moralischen Natur und seiner früheren Werte.
Também marcou o colapso de sua natureza moral e valores passados.
Im Südland hatte er nach dem Gesetz der Liebe und Güte gelebt.
Em Southland, ele viveu sob a lei do amor e da bondade.
Dort war es sinnvoll, Eigentum und die Gefühle anderer Hunde zu respektieren.
Ali fazia sentido respeitar a propriedade e os sentimentos dos outros cães.
Aber das Nordland befolgte das Gesetz der Keule und das Gesetz der Reißzähne.
Mas a Terra do Norte seguiu a lei do porrete e a lei das presas.
Wer hier alte Werte respektierte, war dumm und würde scheitern.
Quem respeitasse os valores antigos aqui seria tolo e fracassaria.
Buck hat das alles nicht durchdacht.

Buck não pensou em tudo isso.
Er war fit und passte sich daher an, ohne darüber nachdenken zu müssen.
Ele estava em forma e, por isso, se adaptou sem precisar pensar.
Sein ganzes Leben lang war er noch nie vor einem Kampf davongelaufen.
Durante toda a sua vida, ele nunca fugiu de uma briga.
Doch die Holzkeule des Mannes im roten Pullover änderte diese Regel.
Mas o porrete de madeira do homem do suéter vermelho mudou essa regra.
Jetzt folgte er einem tieferen, älteren Code, der in sein Wesen eingeschrieben war.
Agora ele seguia um código mais antigo e profundo escrito em seu ser.
Er stahl nicht aus Vergnügen, sondern aus Hunger.
Ele não roubava por prazer, mas pela dor da fome.
Er raubte nie offen, sondern stahl mit List und Sorgfalt.
Ele nunca roubou abertamente, mas roubou com astúcia e cuidado.
Er handelte aus Respekt vor der Holzkeule und aus Angst vor dem Fangzahn.
Ele agiu por respeito ao porrete de madeira e medo da presa.
Kurz gesagt, er hat das getan, was einfacher und sicherer war, als es nicht zu tun.
Resumindo, ele fez o que era mais fácil e seguro do que não fazer.
Seine Entwicklung – oder vielleicht seine Rückkehr zu alten Instinkten – verlief schnell.
Seu desenvolvimento — ou talvez seu retorno aos velhos instintos — foi rápido.
Seine Muskeln verhärteten sich, bis sie sich stark wie Eisen anfühlten.
Seus músculos endureceram até parecerem fortes como ferro.
Schmerzen machten ihm nichts mehr aus, es sei denn, sie waren ernst.

Ele não se importava mais com a dor, a menos que fosse séria.
Er wurde durch und durch effizient und verschwendete überhaupt nichts.
Ele se tornou eficiente por dentro e por fora, sem desperdiçar nada.
Er konnte Dinge essen, die scheußlich, verdorben oder schwer verdaulich waren.
Ele podia comer coisas horríveis, podres ou difíceis de digerir.
Was auch immer er aß, sein Magen verbrauchte das letzte bisschen davon.
Não importa o que ele comesse, seu estômago usava até a última gota de valor.
Sein Blut transportierte die Nährstoffe weit durch seinen kräftigen Körper.
Seu sangue transportava os nutrientes por todo seu corpo poderoso.
Dadurch baute er starkes Gewebe auf, das ihm eine unglaubliche Ausdauer verlieh.
Isso construiu tecidos fortes que lhe deram uma resistência incrível.
Sein Seh- und Geruchssinn wurden viel feiner als zuvor.
Sua visão e olfato ficaram muito mais sensíveis do que antes.
Sein Gehör wurde so scharf, dass er im Schlaf leise Geräusche wahrnehmen konnte.
Sua audição ficou tão aguçada que ele conseguia detectar sons fracos durante o sono.
In seinen Träumen wusste er, ob die Geräusche Sicherheit oder Gefahr bedeuteten.
Ele sabia em seus sonhos se os sons significavam segurança ou perigo.
Er lernte, mit den Zähnen auf das Eis zwischen seinen Zehen zu beißen.
Ele aprendeu a morder o gelo entre os dedos dos pés com os dentes.
Wenn ein Wasserloch zufror, brach er das Eis mit seinen Beinen.

Se um poço de água congelasse, ele quebrava o gelo com as pernas.
Er bäumte sich auf und schlug mit seinen steifen Vorderbeinen hart auf das Eis.
Ele se levantou e bateu com força no gelo com as patas dianteiras rígidas.
Seine bemerkenswerteste Fähigkeit war die Vorhersage von Windänderungen über Nacht.
Sua habilidade mais impressionante era prever mudanças de vento durante a noite.
Selbst bei Windstille suchte er sich windgeschützte Stellen aus.
Mesmo quando o ar estava parado, ele escolhia lugares protegidos do vento.
Wo auch immer er sein Nest grub, der Wind des nächsten Tages strich an ihm vorbei.
Onde quer que ele cavasse seu ninho, o vento do dia seguinte o ultrapassava.
Er landete immer gemütlich und geschützt, in Lee der Brise.
Ele sempre acabava aconchegado e protegido, a sotavento da brisa.
Buck hat nicht nur durch Erfahrung gelernt – auch seine Instinkte sind zurückgekehrt.
Buck não só aprendeu com a experiência — seus instintos também retornaram.
Die Gewohnheiten der domestizierten Generationen begannen zu verschwinden.
Os hábitos das gerações domesticadas começaram a desaparecer.
Er erinnerte sich vage an die alten Zeiten seiner Rasse.
De forma vaga, ele se lembrava dos tempos antigos de sua raça.
Er dachte an die Zeit zurück, als wilde Hunde in Rudeln durch die Wälder rannten.
Ele se lembrou de quando os cães selvagens corriam em matilhas pelas florestas.

Sie hatten ihre Beute gejagt und getötet, während sie sie verfolgten.
Eles perseguiram e mataram suas presas enquanto as perseguiam.
Buck lernte leicht, mit Biss und Schnelligkeit zu kämpfen.
Foi fácil para Buck aprender a lutar com força e velocidade.
Er verwendete Schnitte, Hiebe und schnelle Schnappschüsse, genau wie seine Vorfahren.
Ele usava cortes, golpes e estalos rápidos, assim como seus ancestrais.
Diese Vorfahren regten sich in ihm und erweckten seine wilde Natur.
Esses ancestrais se agitaram dentro dele e despertaram sua natureza selvagem.
Ihre alten Fähigkeiten waren ihm durch die Blutlinie vererbt worden.
Suas antigas habilidades foram passadas para ele através da linhagem.
Ihre Tricks gehörten ihm nun, ohne dass er üben oder sich anstrengen musste.
Os truques agora eram dele, sem necessidade de prática ou esforço.

In stillen, kalten Nächten hob Buck die Nase und heulte.
Nas noites calmas e frias, Buck levantava o nariz e uivava.
Er heulte lang und tief, so wie es die Wölfe vor langer Zeit getan hatten.
Ele uivou longa e profundamente, como os lobos faziam há muito tempo.
Durch ihn streckten seine toten Vorfahren ihre Nasen und heulten.
Através dele, seus ancestrais mortos apontavam seus narizes e uivavam.
Sie heulten durch die Jahrhunderte mit seiner Stimme und Gestalt.
Eles uivaram através dos séculos em sua voz e forma.

Seine Kadenzen waren ihre, alte Schreie, die von Kummer und Kälte erzählten.
Suas cadências eram as deles, velhos gritos que falavam de tristeza e frio.
Sie sangen von Dunkelheit, Hunger und der Bedeutung des Winters.
Eles cantavam sobre escuridão, fome e o significado do inverno.
Buck bewies, wie das Leben von Kräften jenseits des eigenen Ichs geprägt wird.
Buck provou como a vida é moldada por forças além de si mesmo,
Das uralte Lied stieg durch Buck auf und ergriff seine Seele.
a antiga canção surgiu através de Buck e tomou conta de sua alma.
Er fand sich selbst, weil Menschen im Norden Gold gefunden hatten.
Ele se encontrou porque os homens encontraram ouro no Norte.
Und er fand sich selbst, weil Manuel, der Gärtnergehilfe, Geld brauchte.
E ele se viu porque Manuel, o ajudante do jardineiro, precisava de dinheiro.

Das dominante Urtier
A Besta Primordial Dominante

In Buck war das dominante Urtier so stark wie eh und je.
A besta primordial dominante estava tão forte quanto sempre em Buck.
Doch das dominante Urtier hatte in ihm geschlummert.
Mas a besta primordial dominante estava adormecida dentro dele.
Das Leben auf dem Trail war hart, aber es stärkte das Tier in Buck.
A vida na trilha foi dura, mas fortaleceu o animal dentro de Buck.
Insgeheim wurde das Biest von Tag zu Tag stärker.
Secretamente, a fera ficava mais forte a cada dia.
Doch dieses innere Wachstum blieb der Außenwelt verborgen.
Mas esse crescimento interior permaneceu oculto para o mundo exterior.
In Buck baute sich eine stille und ruhige Urkraft auf.
Uma força primordial silenciosa e calma estava se formando dentro de Buck.
Neue Gerissenheit verlieh Buck Gleichgewicht, Ruhe und Selbstbeherrschung.
Uma nova astúcia deu a Buck equilíbrio, calma, controle e postura.
Buck konzentrierte sich sehr auf die Anpassung und fühlte sich nie völlig entspannt.
Buck se concentrou muito em se adaptar, sem nunca se sentir totalmente relaxado.
Er ging Konflikten aus dem Weg, fing nie Streit an und suchte auch nie Ärger.
Ele evitava conflitos, nunca iniciava brigas nem procurava problemas.
Jede Bewegung von Buck war von langsamer, stetiger Nachdenklichkeit geprägt.

Uma reflexão lenta e constante moldava cada movimento de Buck.
Er vermied überstürzte Entscheidungen und plötzliche, rücksichtslose Entschlüsse.
Ele evitou escolhas precipitadas e decisões repentinas e imprudentes.
Obwohl Buck Spitz zutiefst hasste, zeigte er ihm gegenüber keine Aggression.
Embora Buck odiasse Spitz profundamente, ele não demonstrou nenhuma agressividade.
Buck hat Spitz nie provoziert und sein Verhalten zurückhaltend gehalten.
Buck nunca provocou Spitz e manteve suas ações contidas.
Spitz hingegen spürte die wachsende Gefahr, die von Buck ausging.
Spitz, por outro lado, percebeu o perigo crescente em Buck.
Er sah in Buck eine Bedrohung und eine ernsthafte Herausforderung seiner Macht.
Ele via Buck como uma ameaça e um sério desafio ao seu poder.
Er nutzte jede Gelegenheit, um zu knurren und seine scharfen Zähne zu zeigen.
Ele aproveitou todas as oportunidades para rosnar e mostrar seus dentes afiados.
Er versuchte, den tödlichen Kampf zu beginnen, der bevorstand.
Ele estava tentando começar a luta mortal que estava por vir.
Schon zu Beginn der Reise wäre es beinahe zu einem Streit zwischen ihnen gekommen.
No início da viagem, quase houve uma briga entre eles.
Doch ein unerwarteter Unfall verhinderte den Kampf.
Mas um acidente inesperado impediu que a luta acontecesse.
An diesem Abend schlugen sie ihr Lager am bitterkalten Lake Le Barge auf.
Naquela noite, eles montaram acampamento no frio congelante Lago Le Barge.

Es schneite heftig und der Wind war schneidend wie ein Messer.
A neve caía forte e o vento cortava como uma faca.
Die Nacht war zu schnell hereingebrochen und Dunkelheit umgab sie.
A noite chegou rápido demais e a escuridão os cercava.
Sie hätten sich kaum einen schlechteren Ort zum Ausruhen aussuchen können.
Eles dificilmente poderiam ter escolhido um lugar pior para descansar.
Die Hunde suchten verzweifelt nach einem Platz zum Hinlegen.
Os cães procuravam desesperadamente um lugar para se deitar.
Hinter der kleinen Gruppe erhob sich steil eine hohe Felswand.
Uma alta parede de pedra erguia-se abruptamente atrás do pequeno grupo.
Das Zelt wurde in Dyea zurückgelassen, um die Last zu erleichtern.
A tenda foi deixada em Dyea para aliviar a carga.
Ihnen blieb nichts anderes übrig, als das Feuer auf dem Eis selbst zu machen.
Eles não tiveram escolha a não ser fazer o fogo no próprio gelo.
Sie breiten ihre Schlafmäntel direkt auf dem zugefrorenen See aus.
Eles estenderam seus robes de dormir diretamente sobre o lago congelado.
Ein paar Stücke Treibholz gaben ihnen ein wenig Feuer.
Alguns pedaços de madeira flutuante lhes deram um pouco de fogo.
Doch das Feuer wurde auf dem Eis entfacht und taute hindurch.
Mas o fogo foi construído no gelo e descongelado através dele.
Schließlich aßen sie ihr Abendessen im Dunkeln.
Por fim, eles estavam comendo o jantar no escuro.

Buck rollte sich neben dem Felsen zusammen, geschützt vor dem kalten Wind.
Buck se aninhou ao lado da rocha, protegido do vento frio.
Der Platz war so warm und sicher, dass Buck es hasste, wegzugehen.
O lugar era tão quente e seguro que Buck odiava ter que se mudar.
Aber François hatte den Fisch aufgewärmt und verteilte die Rationen.
Mas François havia aquecido o peixe e estava distribuindo rações.
Buck aß schnell fertig und ging zurück in sein Bett.
Buck terminou de comer rapidamente e voltou para sua cama.
Aber Spitz lag jetzt dort, wo Buck sein Bett gemacht hatte.
Mas Spitz agora estava deitado onde Buck havia feito sua cama.
Ein leises Knurren warnte Buck, dass Spitz sich weigerte, sich zu bewegen.
Um rosnado baixo avisou Buck que Spitz se recusava a se mover.
Bisher hatte Buck diesen Kampf mit Spitz vermieden.
Até agora, Buck havia evitado essa luta com Spitz.
Doch tief in Bucks Innerem brach das Biest schließlich aus.
Mas bem no fundo, Buck, a fera finalmente se libertou.
Der Diebstahl seines Schlafplatzes war zu viel für ihn.
O roubo do seu lugar de dormir era demais para tolerar.
Buck stürzte sich voller Wut und Zorn auf Spitz.
Buck se lançou contra Spitz, cheio de raiva e fúria.
Bis jetzt hatte Spitz gedacht, Buck sei bloß ein großer Hund.
Até então Spitz pensava que Buck era apenas um cachorro grande.
Er glaubte nicht, dass Buck durch seinen Geist überlebt hatte.
Ele não achava que Buck tivesse sobrevivido por meio de seu espírito.
Er erwartete Angst und Feigheit, nicht Wut und Rache.
Ele esperava medo e covardia, não fúria e vingança.

François starrte die beiden Hunde an, als sie aus dem zerstörten Nest stürmten.
François ficou olhando enquanto os dois cães saíam do ninho destruído.
Er verstand sofort, was den wilden Kampf ausgelöst hatte.
Ele entendeu imediatamente o que havia iniciado aquela luta selvagem.
„Aa-ah!", rief François, um dem braunen Hund zuzujubeln.
"Aa-ah!" François gritou em apoio ao cão marrom.
„Verprügelt ihn! Bei Gott, bestraft diesen hinterhältigen Dieb!"
"Dê uma surra nele! Por Deus, castigue esse ladrãozinho!"
Spitz zeigte gleichermaßen Bereitschaft und wilden Kampfeswillen.
Spitz demonstrou igual prontidão e grande entusiasmo para lutar.
Er schrie wütend auf, während er schnell im Kreis kreiste und nach einer Öffnung suchte.
Ele gritou de raiva enquanto circulava rapidamente, procurando uma abertura.
Buck zeigte den gleichen Kampfeshunger und die gleiche Vorsicht.
Buck demonstrou a mesma fome de luta e a mesma cautela.
Auch er umkreiste seinen Gegner und versuchte, im Kampf die Oberhand zu gewinnen.
Ele também circulou seu oponente, tentando ganhar vantagem na batalha.
Dann geschah etwas Unerwartetes und veränderte alles.
Então algo inesperado aconteceu e mudou tudo.
Dieser Moment verzögerte den letztendlichen Kampf um die Führung.
Aquele momento atrasou a eventual luta pela liderança.
Bis zum Ende warteten noch viele Meilen voller Mühe und Anstrengung.
Ainda havia muitos quilômetros de trilha e luta pela frente antes do fim.

Perrault stieß einen Fluch aus, als eine Keule auf Knochen schlug.
Perrault gritou um palavrão quando um porrete bateu contra o osso.
Es folgte ein scharfer Schmerzensschrei, dann brach überall Chaos aus.
Seguiu-se um grito agudo de dor, e então o caos explodiu por todo lado.
Dunkle Gestalten bewegten sich im Lager; wilde Huskys, ausgehungert und wild.
Formas escuras se moviam no acampamento; huskies selvagens, famintos e ferozes.
Vier oder fünf Dutzend Huskys hatten das Lager von weitem erschnüffelt.
Quatro ou cinco dúzias de huskies farejaram o acampamento de longe.
Sie hatten sich leise hineingeschlichen, während die beiden Hunde in der Nähe kämpften.
Eles entraram silenciosamente enquanto os dois cães brigavam nas proximidades.
François und Perrault griffen an und schwangen Knüppel auf die Eindringlinge.
François e Perrault atacaram, brandindo cassetetes contra os invasores.
Die ausgehungerten Huskies zeigten ihre Zähne und wehrten sich rasend.
Os huskies famintos mostraram os dentes e lutaram freneticamente.
Der Geruch von Fleisch und Brot hatte sie alle Angst vertreiben lassen.
O cheiro de carne e pão os fez superar todo o medo.
Perrault schlug einen Hund, der seinen Kopf in der Fresskiste vergraben hatte.
Perrault espancou um cachorro que havia enterrado a cabeça na caixa de larvas.
Der Schlag war hart, die Schachtel kippte um und das Essen quoll heraus.

O golpe foi forte, e a caixa virou, espalhando comida para fora.
Innerhalb von Sekunden rissen sich zwanzig wilde Tiere über das Brot und das Fleisch her.
Em segundos, vinte animais selvagens devoraram o pão e a carne.
Die Keulen der Männer landeten Schlag auf Schlag, doch kein Hund ließ nach.
Os porretes dos homens desferiram golpe após golpe, mas nenhum cão se esquivou.
Sie schrien vor Schmerz, kämpften aber, bis kein Futter mehr übrig war.
Eles uivaram de dor, mas lutaram até não restar mais comida.
Inzwischen waren die Schlittenhunde aus ihren verschneiten Betten gesprungen.
Enquanto isso, os cães de trenó saltaram de suas camas cobertas de neve.
Sie wurden sofort von den bösartigen, hungrigen Huskys angegriffen.
Eles foram imediatamente atacados pelos ferozes huskies famintos.
Buck hatte noch nie zuvor so wilde und ausgehungerte Tiere gesehen.
Buck nunca tinha visto criaturas tão selvagens e famintas antes.
Ihre Haut hing lose und verbarg kaum ihr Skelett.
A pele deles estava solta, mal escondendo seus esqueletos.
In ihren Augen brannte ein Feuer aus Hunger und Wahnsinn
Havia um fogo em seus olhos, de fome e loucura
Sie waren nicht aufzuhalten, ihrem wilden Ansturm war kein Widerstand zu leisten.
Não havia como detê-los; não havia como resistir ao seu avanço selvagem.
Die Schlittenhunde wurden zurückgedrängt und gegen die Felswand gedrückt.

Os cães de trenó foram empurrados para trás, pressionados contra a parede do penhasco.
Drei Huskies griffen Buck gleichzeitig an und rissen ihm das Fleisch auf.
Três huskies atacaram Buck ao mesmo tempo, rasgando sua carne.
Aus den Schnittwunden an seinem Kopf und seinen Schultern strömte Blut.
Sangue escorria de sua cabeça e ombros, onde ele havia sido cortado.
Der Lärm erfüllte das Lager: Knurren, Jaulen und Schmerzensschreie.
O barulho encheu o acampamento; rosnados, gritos e berros de dor.
Billee weinte wie immer laut, gefangen im Kampf und in der Panik.
Billee chorou alto, como sempre, presa na confusão e no pânico.
Dave und Solleks standen Seite an Seite, blutend, aber trotzig.
Dave e Solleks ficaram lado a lado, sangrando, mas desafiadores.
Joe kämpfte wie ein Dämon und biss alles, was ihm zu nahe kam.
Joe lutava como um demônio, mordendo tudo que chegava perto.
Mit einem brutalen Schnappen seines Kiefers zerquetschte er das Bein eines Huskys.
Ele esmagou a perna de um husky com um estalo brutal de suas mandíbulas.
Pike sprang auf den verletzten Husky und brach ihm sofort das Genick.
Pike pulou no husky ferido e quebrou seu pescoço instantaneamente.
Buck packte einen Husky an der Kehle und riss ihm die Ader auf.
Buck agarrou um husky pelo pescoço e rasgou a veia.

Blut spritzte und der warme Geschmack trieb Buck in Raserei.
O sangue jorrou, e o gosto quente deixou Buck frenético.
Ohne zu zögern stürzte er sich auf einen anderen Angreifer.
Ele se lançou contra outro agressor sem hesitar.
Im selben Moment gruben sich scharfe Zähne in Bucks Kehle.
No mesmo momento, dentes afiados cravaram-se na garganta de Buck.
Spitz hatte von der Seite zugeschlagen und ohne Vorwarnung angegriffen.
Spitz atacou de lado, sem aviso.
Perrault und François hatten die Hunde besiegt, die das Futter stahlen.
Perrault e François derrotaram os cães que roubavam a comida.
Nun eilten sie ihren Hunden zu Hilfe, um die Angreifer abzuwehren.
Agora eles correram para ajudar seus cães a lutar contra os agressores.
Die ausgehungerten Hunde zogen sich zurück, als die Männer ihre Keulen schwangen.
Os cães famintos recuaram enquanto os homens brandiam seus porretes.
Buck konnte sich dem Angriff befreien, doch die Flucht war nur von kurzer Dauer.
Buck se libertou do ataque, mas a fuga foi breve.
Die Männer rannten los, um ihre Hunde zu retten, und die Huskies kamen erneut zum Vorschein.
Os homens correram para salvar seus cães, e os huskies atacaram novamente.
Billee, der aus Angst Mut fasste, sprang in die Hundemeute.
Billee, assustado e corajoso, saltou para dentro da matilha de cães.
Doch dann floh er in blanker Angst und Panik über das Eis.
Mas então ele fugiu pelo gelo, tomado pelo terror e pelo pânico.

Pike und Dub folgten dicht dahinter und rannten um ihr Leben.
Pike e Dub seguiram logo atrás, correndo para salvar suas vidas.
Der Rest des Teams löste sich auf, zerstreute sich und folgte ihnen.
O resto da equipe se dispersou e seguiu atrás deles.
Buck nahm all seine Kräfte zusammen, um loszurennen, doch dann sah er einen Blitz.
Buck reuniu forças para correr, mas então viu um clarão.
Spitz stürzte sich auf Buck und versuchte, ihn zu Boden zu schlagen.
Spitz investiu contra Buck, tentando derrubá-lo no chão.
Unter dieser Meute von Huskys hätte Buck nicht entkommen können.
Sob aquela multidão de huskies, Buck não teria escapatória.
Aber Buck blieb standhaft und wappnete sich für den Schlag von Spitz.
Mas Buck permaneceu firme e se preparou para o golpe de Spitz.
Dann drehte er sich um und rannte mit dem fliehenden Team auf das Eis hinaus.
Então ele se virou e correu para o gelo com o time em fuga.

Später versammelten sich die neun Schlittenhunde im Schutz des Waldes.
Mais tarde, os nove cães de trenó se reuniram no abrigo da floresta.
Niemand verfolgte sie mehr, aber sie waren geschlagen und verwundet.
Ninguém mais os perseguia, mas eles estavam machucados e feridos.
Jeder Hund hatte Wunden; vier oder fünf tiefe Schnitte an jedem Körper.
Cada cão tinha feridas; quatro ou cinco cortes profundos em cada corpo.

Dub hatte ein verletztes Hinterbein und konnte kaum noch laufen.
Dub machucou uma pata traseira e agora tem dificuldade para andar.
Dolly, der neueste Hund aus Dyea, hatte eine aufgeschlitzte Kehle.
Dolly, a cadela mais nova de Dyea, tinha a garganta cortada.
Joe hatte ein Auge verloren und Billees Ohr war in Stücke geschnitten
Joe perdeu um olho e a orelha de Billee foi cortada em pedaços
Alle Hunde schrien die ganze Nacht vor Schmerz und Niederlage.
Todos os cães choraram de dor e derrota durante a noite.
Im Morgengrauen krochen sie wund und gebrochen zurück ins Lager.
Ao amanhecer, eles retornaram ao acampamento, doloridos e machucados.
Die Huskies waren verschwunden, aber der Schaden war angerichtet.
Os huskies tinham desaparecido, mas o estrago já estava feito.
Perrault und François standen schlecht gelaunt vor der Ruine.
Perrault e François ficaram de mau humor diante das ruínas.
Die Hälfte der Lebensmittel war verschwunden und von den hungrigen Dieben geschnappt worden.
Metade da comida havia sumido, roubada pelos ladrões famintos.
Die Huskies hatten Schlittenbindungen und Planen zerrissen.
Os huskies rasgaram as amarrações do trenó e a lona.
Alles, was nach Essen roch, wurde vollständig verschlungen.
Qualquer coisa com cheiro de comida foi devorada completamente.
Sie aßen ein Paar von Perraults Reisestiefeln aus Elchleder.
Eles comeram um par de botas de viagem de couro de alce de Perrault.

Sie zerkauten Lederreis und ruinierten Riemen, sodass sie nicht mehr verwendet werden konnten.
Eles mastigavam correias de couro e estragavam tiras, deixando-as inutilizáveis.
François hörte auf, auf die zerrissene Peitsche zu starren, um nach den Hunden zu sehen.
François parou de olhar para o chicote rasgado para verificar os cães.
„Ah, meine Freunde", sagte er mit leiser, besorgter Stimme.
"Ah, meus amigos", disse ele, com a voz baixa e cheia de preocupação.
„Vielleicht verwandeln euch all diese Bisse in tollwütige Tiere."
"Talvez todas essas mordidas transformem vocês em feras furiosas."
„Vielleicht alles tollwütige Hunde, heiliger Scheiß! Was meinst du, Perrault?"
"Talvez todos os cães loucos, sacana! O que você acha, Perrault?"
Perrault schüttelte den Kopf, seine Augen waren dunkel vor Sorge und Angst.
Perrault balançou a cabeça, com os olhos escuros de preocupação e medo.
Zwischen ihnen und Dawson lagen noch sechshundertvierzig Kilometer.
Ainda havia seiscentos quilômetros entre eles e Dawson.
Der Hundewahnsinn könnte nun jede Überlebenschance zerstören.
A loucura canina agora pode destruir qualquer chance de sobrevivência.
Sie verbrachten zwei Stunden damit, zu fluchen und zu versuchen, die Ausrüstung zu reparieren.
Eles passaram duas horas xingando e tentando consertar o equipamento.
Das verwundete Team verließ schließlich gebrochen und besiegt das Lager.

A equipe ferida finalmente deixou o acampamento, destruída e derrotada.

Dies war der bisher schwierigste Weg und jeder Schritt war schmerzhaft.

Essa foi a trilha mais difícil até agora, e cada passo foi doloroso.

Der Thirty Mile River war nicht zugefroren und rauschte wild.

O Rio Thirty Mile não havia congelado e estava correndo descontroladamente.

Nur an ruhigen Stellen und in wirbelnden Wirbeln konnte das Eis halten.

Somente em locais calmos e redemoinhos o gelo conseguiu se manter.

Sechs Tage harter Arbeit vergingen, bis die dreißig Meilen geschafft waren.

Seis dias de trabalho duro se passaram até que os 48 quilômetros fossem percorridos.

Jeder Kilometer des Weges barg Gefahren und Todesgefahr.

Cada quilômetro da trilha trazia perigo e ameaça de morte.

Die Männer und Hunde riskierten mit jedem schmerzhaften Schritt ihr Leben.

Os homens e os cães arriscavam suas vidas a cada passo doloroso.

Perrault durchbrach ein Dutzend Mal dünne Eisbrücken.

Perrault rompeu finas pontes de gelo uma dúzia de vezes diferentes.

Er trug eine Stange und ließ sie über das Loch fallen, das sein Körper hinterlassen hatte.

Ele carregou uma vara e a deixou cair sobre o buraco que seu corpo fez.

Mehr als einmal rettete diese Stange Perrault vor dem Ertrinken.

Mais de uma vez aquele poste salvou Perrault de se afogar.

Die Kältewelle hielt an, die Lufttemperatur lag bei minus fünfzig Grad.

A onda de frio se manteve firme, o ar estava cinquenta graus abaixo de zero.
Jedes Mal, wenn er hineinfiel, musste Perrault ein Feuer anzünden, um zu überleben.
Toda vez que caía, Perrault tinha que acender uma fogueira para sobreviver.
Nasse Kleidung gefror schnell, also trocknete er sie in der Nähe der sengenden Hitze.
Roupas molhadas congelavam rápido, então ele as secava perto do calor escaldante.
Perrault hatte nie Angst und das machte ihn zu einem Kurier.
Nenhum medo jamais tocou Perrault, e isso fez dele um mensageiro.
Er wurde für die Gefahr auserwählt und begegnete ihr mit stiller Entschlossenheit.
Ele foi escolhido para o perigo e o enfrentou com uma resolução silenciosa.
Er drängte sich gegen den Wind vorwärts, sein runzliges Gesicht war erfroren.
Ele seguiu em frente em direção ao vento, com o rosto enrugado e congelado.
Von der Morgendämmerung bis zum Einbruch der Nacht führte Perrault sie weiter.
Do amanhecer ao anoitecer, Perrault os guiou adiante.
Er ging auf einer schmalen Eiskante, die bei jedem Schritt knackte.
Ele andou sobre uma estreita camada de gelo que rachava a cada passo.
Sie wagten nicht, anzuhalten – jede Pause hätte das Risiko eines tödlichen Zusammenbruchs bedeutet.
Eles não ousaram parar — cada pausa representava o risco de um colapso mortal.
Einmal brach der Schlitten durch und zog Dave und Buck hinein.
Uma vez o trenó atravessou, puxando Dave e Buck para dentro.

Als sie freigezogen wurden, waren beide fast erfroren.
Quando foram libertados, ambos estavam quase congelados.
Die Männer machten schnell ein Feuer, um Buck und Dave am Leben zu halten.
Os homens fizeram uma fogueira rapidamente para manter Buck e Dave vivos.
Die Hunde waren von der Nase bis zum Schwanz mit Eis bedeckt und steif wie geschnitztes Holz.
Os cães estavam cobertos de gelo do focinho ao rabo, rígidos como madeira entalhada.
Die Männer ließen sie in der Nähe des Feuers im Kreis laufen, um ihre Körper aufzutauen.
Os homens os faziam correr em círculos perto do fogo para descongelar seus corpos.
Sie kamen den Flammen so nahe, dass ihr Fell versengt wurde.
Eles chegaram tão perto das chamas que seus pelos ficaram chamuscados.
Als nächster durchbrach Spitz das Eis und zog das Team hinter sich her.
Spitz foi o próximo a romper o gelo, arrastando a equipe atrás dele.
Der Bruch reichte bis zu der Stelle, an der Buck zog.
A ruptura chegou até onde Buck estava puxando.
Buck lehnte sich weit zurück, seine Pfoten rutschten und zitterten auf der Kante.
Buck se inclinou para trás com força, as patas escorregando e tremendo na borda.
Dave streckte sich ebenfalls nach hinten, direkt hinter Buck auf der Leine.
Dave também se esticou para trás, logo atrás de Buck na linha.
François zog den Schlitten, seine Muskeln knackten vor Anstrengung.
François puxou o trenó, seus músculos estalando com o esforço.
Ein anderes Mal brach das Randeis vor und hinter dem Schlitten.

Em outra ocasião, o gelo da borda rachou antes e atrás do trenó.
Sie hatten keinen anderen Ausweg, als eine gefrorene Felswand zu erklimmen.
Eles não tinham outra saída a não ser escalar uma parede congelada do penhasco.
Perrault schaffte es irgendwie, die Mauer zu erklimmen; wie durch ein Wunder blieb er am Leben.
De alguma forma, Perrault escalou o muro; um milagre o manteve vivo.
François blieb unten und betete um dasselbe Glück.
François ficou lá embaixo, rezando pelo mesmo tipo de sorte.
Sie banden jeden Riemen, jede Zurrschnur und jede Leine zu einem langen Seil zusammen.
Eles amarraram cada tira, amarração e traço em uma corda longa.
Die Männer zogen jeden Hund einzeln nach oben.
Os homens puxaram cada cachorro, um de cada vez, até o topo.
François kletterte als Letzter, nach dem Schlitten und der gesamten Ladung.
François subiu por último, depois do trenó e de toda a carga.
Dann begann eine lange Suche nach einem Weg von den Klippen hinunter.
Então começou uma longa busca por um caminho descendo dos penhascos.
Schließlich stiegen sie mit demselben Seil ab, das sie selbst hergestellt hatten.
Eles finalmente desceram usando a mesma corda que tinham feito.
Es wurde Nacht, als sie erschöpft und wund zum Flussbett zurückkehrten.
A noite caiu quando eles retornaram ao leito do rio, exaustos e doloridos.
Der ganze Tag hatte ihnen nur eine Viertelmeile Gewinn eingebracht.

O dia inteiro lhes rendeu apenas um quarto de milha de ganho.
Als sie das Hootalinqua erreichten, war Buck erschöpft.
Quando chegaram ao Hootalinqua, Buck estava exausto.
Die anderen Hunde litten ebenso sehr unter den Bedingungen auf dem Trail.
Os outros cães também sofreram muito com as condições da trilha.
Aber Perrault musste Zeit gutmachen und trieb sie jeden Tag weiter an.
Mas Perrault precisava recuperar tempo e os pressionava a cada dia.
Am ersten Tag reisten sie dreißig Meilen nach Big Salmon.
No primeiro dia, eles viajaram 48 quilômetros até Big Salmon.
Am nächsten Tag reisten sie fünfunddreißig Meilen nach Little Salmon.
No dia seguinte, eles viajaram 56 quilômetros até Little Salmon.
Am dritten Tag kämpften sie sich durch sechzig Kilometer lange, eisige Strecken.
No terceiro dia, eles avançaram por 64 quilômetros congelados.
Zu diesem Zeitpunkt näherten sie sich der Siedlung Five Fingers.
Naquela altura, eles estavam se aproximando do assentamento de Five Fingers.

Bucks Füße waren weicher als die harten Füße der einheimischen Huskys.
Os pés de Buck eram mais macios que os pés duros dos huskies nativos.
Seine Pfoten waren im Laufe vieler zivilisierter Generationen zart geworden.
Suas patas ficaram macias ao longo de muitas gerações civilizadas.
Vor langer Zeit wurden seine Vorfahren von Flussmännern oder Jägern gezähmt.

Há muito tempo, seus ancestrais foram domesticados por homens do rio ou caçadores.

Jeden Tag humpelte Buck unter Schmerzen und ging auf wunden, schmerzenden Pfoten.

Todos os dias Buck mancava de dor, caminhando com as patas doloridas e em carne viva.

Im Lager fiel Buck wie eine leblose Gestalt in den Schnee.

No acampamento, Buck caiu como uma forma sem vida na neve.

Obwohl Buck am Verhungern war, stand er nicht auf, um sein Abendessen einzunehmen.

Embora faminto, Buck não se levantou para jantar.

François brachte Buck seine Ration und legte ihm Fisch neben die Schnauze.

François levou a ração para Buck, colocando peixes perto do seu focinho.

Jeden Abend massierte der Fahrer Bucks Füße eine halbe Stunde lang.

Todas as noites o motorista massageava os pés de Buck por meia hora.

François hat sogar seine eigenen Mokassins zerschnitten, um daraus Hundeschuhe zu machen.

François até cortou seus próprios mocassins para fazer calçados para cães.

Vier warme Schuhe waren für Buck eine große und willkommene Erleichterung.

Quatro sapatos quentes deram a Buck um grande e bem-vindo alívio.

Eines Morgens vergaß François die Schuhe und Buck weigerte sich aufzustehen.

Certa manhã, François esqueceu os sapatos, e Buck se recusou a se levantar.

Buck lag auf dem Rücken, die Füße in der Luft, und wedelte mitleiderregend damit herum.

Buck estava deitado de costas, com os pés no ar, balançando-os lamentavelmente.

Sogar Perrault grinste beim Anblick von Bucks dramatischer Bitte.
Até Perrault sorriu ao ver o apelo dramático de Buck.

Bald wurden Bucks Füße hart und die Schuhe konnten weggeworfen werden.
Logo os pés de Buck ficaram duros e os sapatos puderam ser descartados.

In Pelly stieß Dolly beim Angeschirrtwerden ein schreckliches Heulen aus.
Em Pelly, na hora de usar os arreios, Dolly soltou um uivo terrível.

Der Schrei war lang und voller Wahnsinn und erschütterte jeden Hund.
O grito era longo e cheio de loucura, fazendo todos os cães tremerem.

Jeder Hund zuckte vor Angst zusammen, ohne den Grund zu kennen.
Cada cão se arrepiou de medo sem saber o motivo.

Dolly war verrückt geworden und stürzte sich direkt auf Buck.
Dolly enlouqueceu e se jogou direto em Buck.

Buck hatte noch nie Wahnsinn gesehen, aber sein Herz war von Entsetzen erfüllt.
Buck nunca tinha visto loucura, mas o horror enchia seu coração.

Ohne nachzudenken, drehte er sich um und floh in absoluter Panik.
Sem pensar, ele se virou e fugiu em pânico absoluto.

Dolly jagte ihm hinterher, ihre Augen waren wild, Speichel spritzte aus ihrem Maul.
Dolly o perseguiu, com os olhos arregalados e a saliva voando de sua mandíbula.

Sie blieb direkt hinter Buck, holte nie auf und fiel nie zurück.
Ela continuou logo atrás de Buck, sem nunca ganhar terreno e sem nunca recuar.

Buck rannte durch den Wald, die Insel hinunter und über zerklüftetes Eis.
Buck correu pela floresta, pela ilha, atravessando gelo irregular.
Er überquerte die Insel und erreichte eine weitere, bevor er im Kreis zurück zum Fluss ging.
Ele cruzou até uma ilha, depois outra, e voltou para o rio.
Dolly jagte ihn immer noch und knurrte ihn bei jedem Schritt an.
Dolly ainda o perseguia, rosnando logo atrás a cada passo.
Buck konnte ihren Atem und ihre Wut hören, obwohl er es nicht wagte, zurückzublicken.
Buck podia ouvir sua respiração e raiva, embora não ousasse olhar para trás.
François rief aus der Ferne und Buck drehte sich in die Richtung der Stimme um.
François gritou de longe, e Buck se virou na direção da voz.
Immer noch nach Luft schnappend rannte Buck vorbei und setzte seine ganze Hoffnung auf François.
Ainda ofegante, Buck passou correndo, depositando toda a esperança em François.
Der Hundeführer hob eine Axt und wartete, während Buck vorbeiflog.
O condutor do cão ergueu um machado e esperou enquanto Buck passava voando.
Die Axt kam schnell herunter und traf Dollys Kopf mit tödlicher Wucht.
O machado desceu rapidamente e atingiu a cabeça de Dolly com força mortal.
Buck brach neben dem Schlitten zusammen, keuchte und konnte sich nicht bewegen.
Buck caiu perto do trenó, ofegante e incapaz de se mover.
In diesem Moment hatte Spitz die Chance, einen erschöpften Gegner zu schlagen.
Aquele momento deu a Spitz a chance de atacar um inimigo exausto.

Zweimal biss er Buck und riss das Fleisch bis auf den weißen Knochen auf.
Ele mordeu Buck duas vezes, rasgando a carne até o osso branco.
François' Peitsche knallte und traf Spitz mit voller, wütender Wucht.
O chicote de François estalou, atingindo Spitz com força total e furiosa.
Buck sah mit Freude zu, wie Spitz seine bisher härteste Tracht Prügel bekam.
Buck observou com alegria Spitz receber sua surra mais dura até então.
„Er ist ein Teufel, dieser Spitz", murmelte Perrault düster vor sich hin.
"Aquele Spitz é um demônio", murmurou Perrault sombriamente para si mesmo.
„Eines Tages wird dieser verfluchte Hund Buck töten – das schwöre ich."
"Em breve, aquele cão amaldiçoado matará Buck, eu juro."
„Dieser Buck hat zwei Teufel in sich", antwortete François mit einem Nicken.
"Aquele Buck tem dois demônios dentro dele", respondeu François com um aceno de cabeça.
„Wenn ich Buck beobachte, weiß ich, dass etwas Wildes in ihm lauert."
"Quando observo Buck, sei que algo feroz o aguarda."
„Eines Tages wird er rasend vor Wut werden und Spitz in Stücke reißen."
"Um dia, ele ficará furioso e destruirá o Spitz."
„Er wird den Hund zerkauen und ihn auf den gefrorenen Schnee spucken."
"Ele vai mastigar aquele cachorro e cuspi-lo na neve congelada."
„Das weiß ich ganz sicher tief in meinem Innern."
"Com certeza, eu sei disso no fundo da minha alma."
Von diesem Moment an befanden sich die beiden Hunde im Krieg.

Daquele momento em diante, os dois cães estavam em guerra.
Spitz führte das Team an und hatte die Macht, aber Buck stellte das in Frage.
Spitz liderou a equipe e deteve o poder, mas Buck desafiou isso.
Spitz sah seinen Rang durch diesen seltsamen Fremden aus dem Süden bedroht.
Spitz viu sua posição ameaçada por esse estranho estranho de Southland.
Buck war anders als alle Südstaatenhunde, die Spitz zuvor gekannt hatte.
Buck era diferente de qualquer cão sulista que Spitz já tivesse conhecido.
Die meisten von ihnen scheiterten – sie waren zu schwach, um Kälte und Hunger zu überleben.
A maioria deles falhou — estavam fracos demais para sobreviver ao frio e à fome.
Sie starben schnell unter der harten Arbeit, dem Frost und der langsamen Hungersnot.
Eles morreram rapidamente devido ao trabalho, à geada e à lenta queima da fome.
Buck stand abseits – mit jedem Tag stärker, klüger und wilder.
Buck se destacou — a cada dia mais forte, mais inteligente e mais selvagem.
Er gedieh trotz aller Härte und wuchs heran, bis er den nördlichen Huskies ebenbürtig war.
Ele prosperou nas dificuldades e cresceu para se igualar aos huskies do norte.
Buck hatte Kraft, wilde Geschicklichkeit und einen geduldigen, tödlichen Instinkt.
Buck tinha força, habilidade selvagem e um instinto paciente e mortal.
Der Mann mit der Keule hatte Buck die Unbesonnenheit ausgetrieben.
O homem com o porrete havia espancado Buck até que ele perdesse a precipitação.

Die blinde Wut war verschwunden und durch stille Gerissenheit und Kontrolle ersetzt worden.
A fúria cega desapareceu, substituída por astúcia silenciosa e controle.
Er wartete ruhig und ursprünglich und wartete auf den richtigen Moment.
Ele esperou, calmo e primitivo, observando o momento certo.
Ihr Kampf um die Vorherrschaft wurde unvermeidlich und deutlich.
A luta pelo comando tornou-se inevitável e clara.
Buck strebte nach einer Führungsposition, weil sein Geist es verlangte.
Buck desejava liderança porque seu espírito exigia isso.
Er wurde von dem seltsamen Stolz getrieben, der aus der Jagd und dem Geschirr entstand.
Ele era movido pelo estranho orgulho nascido da caça e dos arreios.
Dieser Stolz ließ die Hunde ziehen, bis sie im Schnee zusammenbrachen.
Esse orgulho fez os cães puxarem até desabarem na neve.
Der Stolz verleitete sie dazu, all ihre Kraft einzusetzen.
O orgulho os levou a dar toda a força que tinham.
Stolz kann einen Schlittenhund sogar in den Tod treiben.
O orgulho pode atrair um cão de trenó até mesmo à morte.
Der Verlust des Geschirrs ließ die Hunde gebrochen und ziellos zurück.
Perder o arreio deixou os cães quebrados e sem propósito.
Das Herz eines Schlittenhundes kann vor Scham brechen, wenn er in den Ruhestand geht.
O coração de um cão de trenó pode ser esmagado pela vergonha quando ele se aposenta.
Dave lebte von diesem Stolz, während er den Schlitten hinter sich herzog.
Dave viveu com esse orgulho enquanto arrastava o trenó por trás.
Auch Solleks gab mit grimmiger Stärke und Loyalität alles.
Solleks também deu tudo de si com força e lealdade.

Jeden Morgen verwandelte der Stolz ihre Verbitterung in Entschlossenheit.
A cada manhã, o orgulho os transformava de amargos em determinados.
Sie drängten den ganzen Tag und verstummten dann am Ende des Lagers.
Eles insistiram o dia todo e depois ficaram em silêncio no final do acampamento.
Dieser Stolz gab Spitz die Kraft, Drückeberger zur Räson zu bringen.
Esse orgulho deu a Spitz a força para colocar os preguiçosos na linha.
Spitz fürchtete Buck, weil Buck denselben tiefen Stolz in sich trug.
Spitz temia Buck porque ele carregava o mesmo orgulho profundo.
Bucks Stolz wandte sich nun gegen Spitz, und er ließ nicht locker.
O orgulho de Buck agora se voltou contra Spitz, e ele não parou.
Buck widersetzte sich Spitz' Macht und hinderte ihn daran, Hunde zu bestrafen.
Buck desafiou o poder de Spitz e o impediu de punir cães.
Als andere versagten, stellte sich Buck zwischen sie und ihren Anführer.
Quando outros falharam, Buck se colocou entre eles e seu líder.
Er tat dies mit Absicht und brachte seine Herausforderung offen und deutlich zum Ausdruck.
Ele fez isso com intenção, deixando seu desafio aberto e claro.
In einer Nacht hüllte schwerer Schnee die Welt in tiefe Stille.
Certa noite, uma forte neve cobriu o mundo em profundo silêncio.
Am nächsten Morgen stand Pike, faul wie immer, nicht zur Arbeit auf.

Na manhã seguinte, Pike, preguiçoso como sempre, não se levantou para trabalhar.
Er blieb in seinem Nest unter einer dicken Schneeschicht verborgen.
Ele ficou escondido em seu ninho, sob uma espessa camada de neve.
François rief und suchte, konnte den Hund jedoch nicht finden.
François gritou e procurou, mas não conseguiu encontrar o cachorro.
Spitz wurde wütend und stürmte durch das schneebedeckte Lager.
Spitz ficou furioso e invadiu o acampamento coberto de neve.
Er knurrte und schnüffelte und grub wie verrückt mit flammenden Augen.
Ele rosnou e cheirou, cavando loucamente com olhos brilhantes.
Seine Wut war so heftig, dass Pike vor Angst unter dem Schnee zitterte.
Sua raiva era tão intensa que Pike tremeu de medo sob a neve.
Als Pike schließlich gefunden wurde, stürzte sich Spitz auf den versteckten Hund, um ihn zu bestrafen.
Quando Pike foi finalmente encontrado, Spitz investiu para punir o cão escondido.
Doch Buck sprang mit einer Wut zwischen sie, die Spitz' eigener ebenbürtig war.
Mas Buck saltou entre eles com uma fúria igual à do próprio Spitz.
Der Angriff erfolgte so plötzlich und geschickt, dass Spitz umfiel.
O ataque foi tão repentino e inteligente que Spitz caiu.
Pike, der gezittert hatte, schöpfte aus diesem Trotz neuen Mut.
Pike, que estava tremendo, ganhou coragem com esse desafio.
Er sprang auf den gefallenen Spitz und folgte Bucks mutigem Beispiel.

Ele saltou sobre o Spitz caído, seguindo o exemplo ousado de Buck.
Buck, der nicht länger an Fairness gebunden war, beteiligte sich am Angriff auf Spitz.
Buck, não mais limitado pela justiça, juntou-se à greve em Spitz.
François, amüsiert, aber dennoch diszipliniert, schwang seine schwere Peitsche.
François, divertido mas firme na disciplina, brandiu seu pesado chicote.
Er schlug Buck mit aller Kraft, um den Kampf zu beenden.
Ele atingiu Buck com toda a sua força para separar a briga.
Buck weigerte sich, sich zu bewegen und blieb auf dem gefallenen Anführer sitzen.
Buck se recusou a se mover e permaneceu em cima do líder caído.
Dann benutzte François den Griff der Peitsche und schlug Buck damit heftig.
François então usou o cabo do chicote, atingindo Buck com força.
Buck taumelte unter dem Schlag und fiel zurück.
Cambaleando devido ao golpe, Buck caiu para trás sob o ataque.
François schlug immer wieder zu, während Spitz Pike bestrafte.
François atacou repetidamente enquanto Spitz punia Pike.

Die Tage vergingen und Dawson City kam immer näher.
Os dias se passaram e Dawson City ficou cada vez mais próxima.
Buck mischte sich immer wieder ein und schlüpfte zwischen Spitz und andere Hunde.
Buck continuou interferindo, se escondendo entre Spitz e outros cães.
Er wählte seine Momente gut und wartete immer darauf, dass François ging.

Ele escolheu bem seus momentos, sempre esperando François ir embora.

Bucks stille Rebellion breitete sich aus und im Team breitete sich Unordnung aus.

A rebelião silenciosa de Buck se espalhou e a desordem criou raízes na equipe.

Dave und Solleks blieben loyal, andere jedoch wurden widerspenstig.

Dave e Solleks permaneceram leais, mas outros se tornaram indisciplinados.

Die Situation im Team wurde immer schlimmer – es wurde unruhig, streitsüchtig und geriet aus der Reihe.

A equipe piorou: ficou inquieta, briguenta e fora da linha.

Nichts lief mehr reibungslos und es kam immer wieder zu Streit.

Nada mais funcionava bem e as brigas se tornaram comuns.

Buck blieb im Zentrum des Chaos und provozierte ständig Unruhe.

Buck permaneceu no centro dos problemas, sempre provocando inquietação.

François blieb wachsam, aus Angst vor dem Kampf zwischen Buck und Spitz.

François permaneceu alerta, com medo da briga entre Buck e Spitz.

Jede Nacht wurde er durch Rangeleien geweckt, aus Angst, dass es endlich losgehen würde.

Todas as noites, brigas o acordavam, temendo que o começo finalmente chegasse.

Er sprang aus seiner Robe, bereit, den Kampf zu beenden.

Ele saltou do manto, pronto para interromper a briga.

Aber der Moment kam nie und sie erreichten schließlich Dawson.

Mas o momento nunca chegou, e eles finalmente chegaram a Dawson.

Das Team betrat die Stadt an einem trüben Nachmittag, angespannt und still.

A equipe entrou na cidade em uma tarde sombria, tensa e silenciosa.
Der große Kampf um die Führung hing noch immer in der eisigen Luft.
A grande batalha pela liderança ainda pairava no ar congelado.
Dawson war voller Männer und Schlittenhunde, die alle mit der Arbeit beschäftigt waren.
Dawson estava cheia de homens e cães de trenó, todos ocupados com o trabalho.
Buck beobachtete die Hunde von morgens bis abends beim Lastenziehen.
Buck observou os cães puxando cargas da manhã até a noite.
Sie transportierten Baumstämme und Brennholz und lieferten Vorräte an die Minen.
Eles transportavam toras e lenha, e transportavam suprimentos para as minas.
Wo früher im Süden Pferde arbeiteten, schufteten heute Hunde.
Onde antes os cavalos trabalhavam no Sul, agora os cães trabalhavam duro.
Buck sah einige Hunde aus dem Süden, aber die meisten waren wolfsähnliche Huskys.
Buck viu alguns cães do Sul, mas a maioria eram huskies parecidos com lobos.
Nachts erhoben die Hunde pünktlich zum ersten Mal ihre Stimmen zum Singen.
À noite, como um relógio, os cães levantavam suas vozes em canção.
Um neun, um Mitternacht und erneut um drei begann der Gesang.
Às nove, à meia-noite e novamente às três, o canto começou.
Buck liebte es, in ihren unheimlichen Gesang einzustimmen, der wild und uralt klang.
Buck adorava se juntar ao canto misterioso deles, selvagem e antigo.

Das Polarlicht flammte, die Sterne tanzten und das Land war mit Schnee bedeckt.
A aurora brilhava, as estrelas dançavam e a neve cobria a terra.
Der Gesang der Hunde erhob sich als Aufschrei gegen die Stille und die bittere Kälte.
O canto dos cães surgiu como um grito contra o silêncio e o frio intenso.
Doch in jedem langen Ton ihres Heulens war Trauer und nicht Trotz zu hören.
Mas seu uivo continha tristeza, não desafio, em cada nota longa.
Jeder Klageschrei war voller Flehen; die Last des Lebens selbst.
Cada grito lamentoso era cheio de súplica; o fardo da própria vida.
Dieses Lied war alt – älter als Städte und älter als Feuer
Aquela canção era velha - mais velha que cidades e mais velha que incêndios
Dieses Lied war sogar älter als die Stimmen der Menschen.
Aquela canção era ainda mais antiga que as vozes dos homens.
Es war ein Lied aus der jungen Welt, als alle Lieder traurig waren.
Era uma canção do mundo jovem, quando todas as canções eram tristes.
Das Lied trug den Kummer unzähliger Hundegenerationen in sich.
A canção carregava a tristeza de inúmeras gerações de cães.
Buck spürte die Melodie tief und stöhnte vor jahrhundertealtem Schmerz.
Buck sentiu a melodia profundamente, gemendo de dor enraizada há séculos.
Er schluchzte aus einem Kummer, der so alt war wie das wilde Blut in seinen Adern.
Ele soluçou de uma dor tão antiga quanto o sangue selvagem em suas veias.

Die Kälte, die Dunkelheit und das Geheimnisvolle berührten Bucks Seele.
O frio, a escuridão e o mistério tocaram a alma de Buck.
Dieses Lied bewies, wie weit Buck zu seinen Ursprüngen zurückgekehrt war.
Aquela música provou o quanto Buck havia retornado às suas origens.
Durch Schnee und Heulen hatte er den Anfang seines eigenen Lebens gefunden.
Através da neve e dos uivos ele encontrou o começo de sua própria vida.

Sieben Tage nach ihrer Ankunft in Dawson brachen sie erneut auf.
Sete dias depois de chegarem a Dawson, eles partiram novamente.
Das Team verließ die Kaserne und fuhr hinunter zum Yukon Trail.
A equipe saiu do Quartel e foi até a Trilha Yukon.
Sie begannen die Rückreise nach Dyea und Salt Water.
Eles começaram a jornada de volta para Dyea e Salt Water.
Perrault überbrachte noch dringlichere Depeschen als zuvor.
Perrault transmitiu despachos ainda mais urgentes do que antes.
Auch ihn packte der Trail-Stolz, und er wollte einen Rekord aufstellen.
Ele também foi tomado pelo orgulho das trilhas e queria estabelecer um recorde.
Diesmal hatte Perrault mehrere Vorteile.
Desta vez, várias vantagens estavam do lado de Perrault.
Die Hunde hatten eine ganze Woche lang geruht und ihre Kräfte wiedererlangt.
Os cães descansaram por uma semana inteira e recuperaram suas forças.
Die Spur, die sie gebahnt hatten, wurde nun von anderen festgestampft.

A trilha que eles haviam aberto agora estava compactada por outros.
An manchen Stellen hatte die Polizei Futter für Hunde und Menschen gelagert.
Em alguns lugares, a polícia havia armazenado comida para cães e homens.
Perrault reiste mit leichtem Gepäck und bewegte sich schnell, ohne dass ihn etwas belastete.
Perrault viajava com pouca bagagem, movendo-se rápido e com pouco peso para sobrecarregá-lo.
Sie erreichten Sixty-Mile, eine Strecke von achtzig Kilometern, noch in der ersten Nacht.
Eles chegaram a Sixty-Mile, uma corrida de oitenta quilômetros, na primeira noite.
Am zweiten Tag eilten sie den Yukon hinauf nach Pelly.
No segundo dia, eles subiram o Yukon em direção a Pelly.
Doch dieser tolle Fortschritt war für François mit vielen Strapazen verbunden.
Mas esse bom progresso trouxe muita tensão para François.
Bucks stille Rebellion hatte die Disziplin des Teams zerstört.
A rebelião silenciosa de Buck destruiu a disciplina da equipe.
Sie zogen nicht mehr wie ein Tier an den Zügeln.
Eles não se uniam mais como uma só fera nas rédeas.
Buck hatte durch sein mutiges Beispiel andere zum Trotz verleitet.
Buck levou outros à rebeldia por meio de seu exemplo ousado.
Spitz' Befehl stieß weder auf Furcht noch auf Respekt.
O comando de Spitz não era mais recebido com medo ou respeito.
Die anderen verloren ihre Ehrfurcht vor ihm und wagten es, sich seiner Herrschaft zu widersetzen.
Os outros perderam o temor por ele e ousaram resistir ao seu governo.
Eines Nachts stahl Pike einen halben Fisch und aß ihn vor Bucks Augen.

Certa noite, Pike roubou metade de um peixe e o comeu sob os olhos de Buck.

In einer anderen Nacht kämpften Dub und Joe gegen Spitz und blieben ungestraft.
Em outra noite, Dub e Joe lutaram contra Spitz e saíram impunes.

Sogar Billee jammerte weniger süß und zeigte eine neue Schärfe.
Até Billee choramingou menos docemente e demonstrou uma nova aspereza.

Buck knurrte Spitz jedes Mal an, wenn sich ihre Wege kreuzten.
Buck rosnava para Spitz toda vez que seus caminhos se cruzavam.

Bucks Haltung wurde dreist und bedrohlich, fast wie die eines Tyrannen.
A atitude de Buck tornou-se ousada e ameaçadora, quase como a de um valentão.

Mit stolzgeschwellter Brust und voller spöttischer Bedrohung schritt er vor Spitz auf und ab.
Ele andava de um lado para o outro na frente de Spitz com arrogância, cheio de ameaça e zombaria.

Dieser Zusammenbruch der Ordnung breitete sich auch unter den Schlittenhunden aus.
Esse colapso da ordem também se espalhou entre os cães de trenó.

Sie stritten und stritten mehr denn je und erfüllten das Lager mit Lärm.
Eles brigavam e discutiam mais do que nunca, enchendo o acampamento com barulho.

Das Lagerleben verwandelte sich jede Nacht in ein wildes, heulendes Chaos.
A vida no acampamento se transformava em um caos selvagem e estrondoso todas as noites.

Nur Dave und Solleks blieben ruhig und konzentriert.
Somente Dave e Solleks permaneceram firmes e focados.

Doch selbst sie wurden durch die ständigen Schlägereien ungehalten.
Mas até eles ficaram irritados por causa das brigas constantes.
François fluchte in fremden Sprachen und stampfte frustriert auf.
François xingou em línguas estranhas e pisou forte de frustração.
Er riss sich die Haare aus und schrie, während der Schnee unter seinen Füßen wirbelte.
Ele puxou os cabelos e gritou enquanto a neve voava sob seus pés.
Seine Peitsche knallte über das Rudel, konnte es aber kaum in Schach halten.
Seu chicote estalava no bando, mas mal conseguia mantê-los na linha.
Immer wenn er sich umdrehte, brachen die Kämpfe erneut aus.
Sempre que ele virava as costas, a briga recomeçava.
François setzte die Peitsche für Spitz ein, während Buck die Rebellen anführte.
François usou o chicote para Spitz, enquanto Buck liderava os rebeldes.
Jeder kannte die Rolle des anderen, aber Buck vermied jegliche Schuldzuweisungen.
Cada um sabia o papel do outro, mas Buck evitou qualquer culpa.
François hat Buck nie dabei erwischt, wie er eine Schlägerei anfing oder sich vor seiner Arbeit drückte.
François nunca pegou Buck começando uma briga ou se esquivando do seu trabalho.
Buck arbeitete hart im Geschirr – die Mühe erfüllte ihn jetzt mit Begeisterung.
Buck trabalhou duro com arreios — o trabalho agora emocionava seu espírito.
Doch noch mehr Freude bereitete ihm das Anzetteln von Kämpfen und Chaos im Lager.

Mas ele encontrou ainda mais alegria em provocar brigas e caos no acampamento.

Eines Abends schreckte Dub an der Mündung des Tahkeena ein Kaninchen auf.
Certa noite, na boca do Tahkeena, Dub assustou um coelho.
Er verpasste den Fang und das Schneeschuhkaninchen sprang davon.
Ele errou a captura e o coelho da neve saltou para longe.
Innerhalb von Sekunden nahm das gesamte Schlittenteam unter wildem Geschrei die Verfolgung auf.
Em segundos, toda a equipe de trenó começou a persegui-los com gritos selvagens.
In der Nähe beherbergte ein Lager der Northwest Police fünfzig Huskys.
Perto dali, um acampamento da Polícia do Noroeste abrigava cinquenta cães husky.
Sie schlossen sich der Jagd an und stürmten gemeinsam den zugefrorenen Fluss hinunter.
Eles se juntaram à caçada, descendo juntos o rio congelado.
Das Kaninchen verließ den Fluss und floh in ein gefrorenes Bachbett.
O coelho desviou do rio e fugiu subindo o leito congelado de um riacho.
Das Kaninchen hüpfte leichtfüßig über den Schnee, während die Hunde sich durchkämpften.
O coelho pulava levemente sobre a neve enquanto os cães lutavam para passar.
Buck führte das riesige Rudel von sechzig Hunden um jede Kurve.
Buck liderava a enorme matilha de sessenta cães em cada curva sinuosa.
Er drängte tief und eifrig vorwärts, konnte jedoch keinen Boden gutmachen.
Ele avançou, baixo e ansioso, mas não conseguiu ganhar terreno.

Bei jedem kraftvollen Sprung blitzte sein Körper im blassen Mondlicht auf.
Seu corpo brilhava sob a lua pálida a cada salto poderoso.

Vor uns bewegte sich das Kaninchen wie ein Geist, lautlos und zu schnell, um es einzufangen.
À frente, o coelho se movia como um fantasma, silencioso e rápido demais para ser capturado.

All diese alten Instinkte – der Hunger, der Nervenkitzel – durchströmten Buck.
Todos aqueles velhos instintos — a fome, a emoção — invadiram Buck.

Manchmal verspüren Menschen diesen Instinkt und werden dazu getrieben, mit Gewehr und Kugel zu jagen.
Às vezes, os humanos sentem esse instinto, levados a caçar com armas de fogo e balas.

Aber Buck empfand dieses Gefühl auf einer tieferen und persönlicheren Ebene.
Mas Buck sentiu esse sentimento em um nível mais profundo e pessoal.

Sie konnten die Wildnis nicht in ihrem Blut spüren, so wie Buck sie spüren konnte.
Eles não conseguiam sentir a natureza selvagem em seu sangue da mesma forma que Buck conseguia sentir.

Er jagte lebendes Fleisch, bereit, mit seinen Zähnen zu töten und Blut zu schmecken.
Ele perseguia carne viva, pronto para matar com os dentes e provar sangue.

Sein Körper spannte sich vor Freude, er wollte in warmem, rotem Leben baden.
Seu corpo se contraiu de alegria, desejando banhar-se na vida quente e vermelha.

Eine seltsame Freude markiert den höchsten Punkt, den das Leben jemals erreichen kann.
Uma estranha alegria marca o ponto mais alto que a vida pode alcançar.

Das Gefühl eines Gipfels, bei dem die Lebenden vergessen, dass sie überhaupt am Leben sind.

A sensação de um pico onde os vivos esquecem que estão vivos.
Diese tiefe Freude berührt den Künstler, der sich in glühender Inspiration verliert.
Essa alegria profunda toca o artista perdido em inspiração ardente.
Diese Freude ergreift den Soldaten, der wild kämpft und keinen Feind verschont.
Essa alegria toma conta do soldado que luta bravamente e não poupa nenhum inimigo.
Diese Freude erfasste nun Buck, der das Rudel mit seinem Urhunger anführte.
Essa alegria agora tomava conta de Buck enquanto ele liderava o bando em uma fome primitiva.
Er heulte mit dem uralten Wolfsschrei, aufgeregt durch die lebendige Jagd.
Ele uivou com o antigo grito de lobo, emocionado pela perseguição viva.
Buck hat den ältesten Teil seiner selbst angezapft, der in der Wildnis verloren war.
Buck recorreu à parte mais antiga de si mesmo, perdida na natureza.
Er griff tief in sein Inneres, in die Vergangenheit, in die raue, uralte Zeit.
Ele alcançou o interior profundo, o passado, o tempo antigo e cru.
Eine Welle puren Lebens durchströmte jeden Muskel und jede Sehne.
Uma onda de vida pura percorreu cada músculo e tendão.
Jeder Sprung schrie, dass er lebte, dass er durch den Tod ging.
Cada salto gritava que ele vivia, que ele passava pela morte.
Sein Körper schwebte freudig über stilles, kaltes Land, das sich nie regte.
Seu corpo voou alegremente sobre a terra parada e fria que nunca se mexeu.

Spitz blieb selbst in seinen wildesten Momenten kalt und listig.
Spitz permaneceu frio e astuto, mesmo em seus momentos mais selvagens.
Er verließ den Pfad und überquerte das Land, wo der Bach eine weite Biegung machte.
Ele deixou a trilha e atravessou a terra onde o riacho fazia uma curva larga.
Buck, der davon nichts wusste, blieb auf dem gewundenen Pfad des Kaninchens.
Buck, sem saber disso, permaneceu no caminho sinuoso do coelho.
Dann, als Buck um eine Kurve bog, stand das geisterhafte Kaninchen vor ihm.
Então, quando Buck fez uma curva, o coelho fantasmagórico apareceu diante dele.
Er sah, wie eine zweite Gestalt vor der Beute vom Ufer sprang.
Ele viu uma segunda figura saltar da margem à frente da presa.
Bei der Gestalt handelte es sich um Spitz, der direkt auf dem Weg des fliehenden Kaninchens landete.
A figura era Spitz, pousando bem no caminho do coelho em fuga.
Das Kaninchen konnte sich nicht umdrehen und traf mitten in der Luft auf Spitz' Kiefer.
O coelho não conseguiu se virar e encontrou as mandíbulas de Spitz no ar.
Das Rückgrat des Kaninchens brach mit einem Schrei, der so scharf war wie der Schrei eines sterbenden Menschen.
A espinha do coelho quebrou com um grito tão agudo quanto o grito de um humano moribundo.
Bei diesem Geräusch – dem Sturz vom Leben in den Tod – heulte das Rudel laut auf.
Ao som daquele som — a queda da vida para a morte — a matilha uivou alto.

Hinter Buck erhob sich ein wilder Chor voller dunkler Freude.
Um coro selvagem surgiu atrás de Buck, cheio de prazer sombrio.
Buck gab keinen Schrei von sich, keinen Laut, und stürmte direkt auf Spitz zu.
Buck não deu nenhum grito, nenhum som, e avançou direto em direção a Spitz.
Er zielte auf die Kehle, traf aber stattdessen die Schulter.
Ele mirou na garganta, mas acertou o ombro.
Sie stürzten durch den weichen Schnee, ihre Körper waren in einen Kampf verstrickt.
Eles caíram na neve fofa; seus corpos travaram um combate.
Spitz sprang schnell auf, als wäre er nie niedergeschlagen worden.
Spitz se levantou rapidamente, como se nunca tivesse caído.
Er schlug auf Bucks Schulter und sprang dann aus dem Kampf.
Ele cortou o ombro de Buck e então saltou para longe da luta.
Zweimal schnappten seine Zähne wie Stahlfallen, seine Lippen waren grimmig gekräuselt.
Duas vezes seus dentes estalaram como armadilhas de aço, lábios curvados e ferozes.
Er wich langsam zurück und suchte festen Boden unter seinen Füßen.
Ele recuou lentamente, buscando chão firme sob seus pés.
Buck verstand den Moment sofort und vollkommen.
Buck entendeu o momento instantaneamente e completamente.
Die Zeit war gekommen; der Kampf würde ein Kampf auf Leben und Tod werden.
A hora havia chegado; a luta seria até a morte.
Die beiden Hunde umkreisten knurrend den Raum, legten die Ohren an und kniffen die Augen zusammen.
Os dois cães circulavam, rosnando, com as orelhas achatadas e os olhos semicerrados.

Jeder Hund wartete darauf, dass der andere Schwäche zeigte oder einen Fehltritt machte.
Cada cão esperava que o outro demonstrasse fraqueza ou passo em falso.
Buck hatte ein unheimliches Gefühl, die Szene zu kennen und tief in Erinnerung zu behalten.
Para Buck, a cena parecia estranhamente conhecida e profundamente lembrada.
Die weißen Wälder, die kalte Erde, die Schlacht im Mondlicht.
As florestas brancas, a terra fria, a batalha sob o luar.
Eine schwere Stille erfüllte das Land, tief und unnatürlich.
Um silêncio pesado enchia a terra, profundo e sobrenatural.
Kein Wind regte sich, kein Blatt bewegte sich, kein Geräusch unterbrach die Stille.
Nenhum vento soprava, nenhuma folha se movia, nenhum som quebrava o silêncio.
Der Atem der Hunde stieg wie Rauch in die eiskalte, stille Luft.
A respiração dos cães subia como fumaça no ar congelado e silencioso.
Das Kaninchen war von der Meute der wilden Tiere längst vergessen.
O coelho foi esquecido há muito tempo pela matilha de feras selvagens.
Diese halb gezähmten Wölfe standen nun still in einem weiten Kreis.
Esses lobos meio domesticados agora estavam parados em um amplo círculo.
Sie waren still, nur ihre leuchtenden Augen verrieten ihren Hunger.
Eles estavam quietos, apenas seus olhos brilhantes revelavam sua fome.
Ihr Atem stieg auf, als sie den Beginn des Endkampfes beobachteten.
A respiração deles subiu, observando a luta final começar.

Für Buck war dieser Kampf alt und erwartet, überhaupt nicht ungewöhnlich.
Para Buck, essa batalha era antiga e esperada, nada estranha.
Es fühlte sich an wie die Erinnerung an etwas, das schon immer passieren sollte.
Parecia uma lembrança de algo que sempre deveria acontecer.
Spitz war ein ausgebildeter Kampfhund, gestählt durch zahllose wilde Schlägereien.
Spitz era um cão de luta treinado, aperfeiçoado por inúmeras brigas selvagens.
Von Spitzbergen bis Kanada hatte er viele Feinde besiegt.
De Spitzbergen ao Canadá, ele derrotou muitos inimigos.
Er war voller Wut, ließ seiner Wut jedoch nie freien Lauf.
Ele estava cheio de fúria, mas nunca deu controle à raiva.
Seine Leidenschaft war scharf, aber immer durch einen harten Instinkt gemildert.
Sua paixão era intensa, mas sempre temperada por um forte instinto.
Er griff nie an, bis seine eigene Verteidigung stand.
Ele nunca atacou até que sua própria defesa estivesse pronta.
Buck versuchte immer wieder, Spitz' verwundbaren Hals zu erreichen.
Buck tentou várias vezes alcançar o pescoço vulnerável de Spitz.
Doch jeder Schlag wurde von Spitz' scharfen Zähnen mit einem Hieb beantwortet.
Mas cada golpe era recebido com um corte dos dentes afiados de Spitz.
Ihre Reißzähne prallten aufeinander und beide Hunde bluteten aus den aufgerissenen Lippen.
Suas presas se chocaram, e ambos os cães sangraram pelos lábios dilacerados.
Egal, wie sehr Buck sich auch wehrte, er konnte die Verteidigung nicht durchbrechen.
Não importava o quanto Buck atacasse, ele não conseguia quebrar a defesa.

Er wurde immer wütender und stürmte mit wilden Kraftausbrüchen hinein.
Ele ficou mais furioso, avançando com explosões selvagens de poder.
Immer wieder schlug Buck nach der weißen Kehle von Spitz.
Repetidamente, Buck atacou a garganta branca de Spitz.
Jedes Mal wich Spitz aus und schlug mit einem schneidenden Biss zurück.
Cada vez que Spitz se esquivava, ele revidava com uma mordida cortante.
Dann änderte Buck seine Taktik und stürzte sich erneut darauf, als wolle er ihm die Kehle zu Leibe rücken.
Então Buck mudou de tática, avançando como se fosse em direção à garganta novamente.
Doch er zog sich mitten im Angriff zurück und drehte sich um, um von der Seite zuzuschlagen.
Mas ele recuou no meio do ataque, virando-se para atacar de lado.
Er warf Spitz seine Schulter entgegen, um ihn niederzuschlagen.
Ele jogou o ombro em Spitz, com a intenção de derrubá-lo.
Bei jedem Versuch wich Spitz aus und konterte mit einem Hieb.
Cada vez que ele tentava, Spitz desviava e contra-atacava com um golpe.
Bucks Schulter wurde wund, als Spitz nach jedem Schlag davonsprang.
O ombro de Buck ficou em carne viva quando Spitz saltou para longe após cada golpe.
Spitz war nicht berührt worden, während Buck aus vielen Wunden blutete.
Spitz não foi tocado, enquanto Buck sangrava por muitos ferimentos.
Bucks Atem ging schnell und schwer, sein Körper war blutverschmiert.

A respiração de Buck estava rápida e pesada, seu corpo coberto de sangue.
Mit jedem Biss und Angriff wurde der Kampf brutaler.
A luta se tornou mais brutal a cada mordida e investida.
Um sie herum warteten sechzig stille Hunde darauf, dass der erste fiel.
Ao redor deles, sessenta cães silenciosos esperavam que o primeiro caísse.
Wenn ein Hund zu Boden ging, würde das Rudel den Kampf beenden.
Se um cachorro caísse, a matilha terminaria a luta.
Spitz sah, dass Buck schwächer wurde, und begann, den Angriff voranzutreiben.
Spitz viu Buck enfraquecendo e começou a pressionar o ataque.
Er brachte Buck aus dem Gleichgewicht und zwang ihn, um Halt zu kämpfen.
Ele manteve Buck desequilibrado, forçando-o a lutar para manter o equilíbrio.
Einmal stolperte Buck und fiel, und alle Hunde standen auf.
Certa vez, Buck tropeçou e caiu, e todos os cães se levantaram.
Doch Buck richtete sich mitten im Fall auf und alle sanken wieder zu Boden.
Mas Buck se endireitou no meio da queda, e todos afundaram novamente.
Buck hatte etwas Seltenes – eine Vorstellungskraft, die aus tiefem Instinkt geboren war.
Buck tinha algo raro: imaginação nascida de um instinto profundo.
Er kämpfte mit natürlichem Antrieb, aber auch mit List.
Ele lutou por impulso natural, mas também lutou com astúcia.
Er griff erneut an, als würde er seinen Schulterangriffstrick wiederholen.
Ele atacou novamente como se estivesse repetindo seu truque de ataque de ombro.
Doch in der letzten Sekunde ließ er sich fallen und flog unter Spitz hindurch.

Mas no último segundo, ele se abaixou e passou por baixo de Spitz.
Seine Zähne schnappten um Spitz' linkes Vorderbein.
Seus dentes se fecharam na perna dianteira esquerda de Spitz com um estalo.
Spitz stand nun unsicher da, sein Gewicht ruhte nur noch auf drei Beinen.
Spitz agora estava instável, com seu peso apoiado em apenas três pernas.
Buck schlug erneut zu und versuchte dreimal, ihn zu Fall zu bringen.
Buck atacou novamente e tentou derrubá-lo três vezes.
Beim vierten Versuch nutzte er denselben Zug mit Erfolg
Na quarta tentativa ele usou o mesmo movimento com sucesso
Diesmal gelang es Buck, Spitz in das rechte Bein zu beißen.
Desta vez, Buck conseguiu morder a perna direita de Spitz.
Obwohl Spitz verkrüppelt war und große Schmerzen litt, kämpfte er weiter ums Überleben.
Spitz, embora aleijado e em agonia, continuou lutando para sobreviver.
Er sah, wie der Kreis der Huskys enger wurde, die Zungen herausstreckten und deren Augen leuchteten.
Ele viu o círculo de huskies se estreitar, com as línguas de fora e os olhos brilhando.
Sie warteten darauf, ihn zu verschlingen, so wie sie es mit anderen getan hatten.
Eles esperaram para devorá-lo, assim como fizeram com os outros.
Dieses Mal stand er im Mittelpunkt: besiegt und verdammt.
Desta vez, ele ficou no centro; derrotado e condenado.
Für den weißen Hund gab es jetzt keine Möglichkeit mehr zu entkommen.
Agora não havia mais opção de fuga para o cão branco.
Buck kannte keine Gnade, denn Gnade hatte in der Wildnis nichts zu suchen.

Buck não demonstrou misericórdia, pois misericórdia não pertence à natureza.

Buck bewegte sich vorsichtig und bereitete sich auf den letzten Angriff vor.

Buck se moveu com cuidado, preparando-se para o ataque final.

Der Kreis der Huskys schloss sich, er spürte ihren warmen Atem.

O círculo de huskies se fechou; ele sentiu suas respirações quentes.

Sie duckten sich und waren bereit, im richtigen Moment zu springen.

Eles se agacharam, preparados para atacar quando chegasse o momento.

Spitz zitterte im Schnee, knurrte und veränderte seine Haltung.

Spitz tremeu na neve, rosnando e mudando de posição.

Seine Augen funkelten, seine Lippen waren gekräuselt und seine Zähne blitzten in verzweifelter Drohung.

Seus olhos brilhavam, seus lábios se curvavam e seus dentes brilhavam em uma ameaça desesperada.

Er taumelte und versuchte immer noch, dem kalten Biss des Todes standzuhalten.

Ele cambaleou, ainda tentando segurar a fria mordida da morte.

Er hatte das schon früher erlebt, aber immer von der Gewinnerseite.

Ele já tinha visto isso antes, mas sempre do lado vencedor.

Jetzt war er auf der Verliererseite, der Besiegte, die Beute, der Tod.

Agora ele estava do lado perdedor; o derrotado; a presa; a morte.

Buck umkreiste ihn für den letzten Schlag, der Hundekreis rückte näher.

Buck circulou para o golpe final, o círculo de cães se aproximando.

Er konnte ihren heißen Atem spüren; bereit zum Töten.

Ele podia sentir suas respirações quentes; prontos para matar.
Stille breitete sich aus; alles war an seinem Platz; die Zeit war stehen geblieben.
Houve um silêncio; tudo estava em seu lugar; o tempo havia parado.
Sogar die kalte Luft zwischen ihnen gefror für einen letzten Moment.
Até o ar frio entre eles congelou por um último momento.
Nur Spitz bewegte sich und versuchte, sein bitteres Ende abzuwenden.
Somente Spitz se moveu, tentando evitar seu amargo fim.
Der Kreis der Hunde schloss sich um ihn, und das war sein Schicksal.
O círculo de cães estava se fechando ao redor dele, assim como seu destino.
Er war jetzt verzweifelt, da er wusste, was passieren würde.
Ele estava desesperado agora, sabendo o que estava prestes a acontecer.
Buck sprang hinein, Schulter an Schulter traf ein letztes Mal.
Buck saltou, ombro a ombro uma última vez.
Die Hunde drängten vorwärts und deckten Spitz in der verschneiten Dunkelheit.
Os cães avançaram, cobrindo Spitz na escuridão da neve.
Buck sah zu, aufrecht stehend; der Sieger in einer wilden Welt.
Buck observou, de pé; o vencedor em um mundo selvagem.
Das dominante Urtier hatte seine Beute gemacht, und es war gut.
A besta primordial dominante havia feito sua presa, e foi boa.

Wer die Meisterschaft erlangt hat
Aquele que venceu a Maestria

„Wie? Was habe ich gesagt? Ich sage die Wahrheit, wenn ich sage, dass Buck ein Teufel ist."
"Hã? O que eu disse? Falo a verdade quando digo que o Buck é um demônio."
François sagte dies am nächsten Morgen, nachdem er festgestellt hatte, dass Spitz verschwunden war.
François disse isso na manhã seguinte, depois de descobrir que Spitz havia desaparecido.
Buck stand da, übersät mit Wunden aus dem erbitterten Kampf.
Buck ficou ali, coberto de ferimentos da luta violenta.
François zog Buck zum Feuer und zeigte auf die Verletzungen.
François puxou Buck para perto do fogo e apontou para os ferimentos.
„Dieser Spitz hat gekämpft wie der Devik", sagte Perrault und beäugte die tiefen Schnittwunden.
"Aquele Spitz lutou como o Devik", disse Perrault, olhando para os cortes profundos.
„Und dieser Buck hat wie zwei Teufel gekämpft", antwortete François sofort.
"E aquele Buck lutou como dois demônios", respondeu François imediatamente.
„Jetzt kommen wir gut voran; kein Spitz mehr, kein Ärger mehr."
"Agora faremos um bom tempo; chega de Spitz, chega de problemas."
Perrault packte die Ausrüstung und belud den Schlitten sorgfältig.
Perrault estava empacotando o equipamento e carregou o trenó com cuidado.
François spannte die Hunde für den Lauf des Tages an.
François preparou os cães para a corrida do dia.

Buck trabte direkt an die Führungsposition, die einst Spitz innehatte.
Buck trotou direto para a posição de liderança antes ocupada por Spitz.
Doch François bemerkte es nicht und führte Solleks nach vorne.
Mas François, sem perceber, levou Solleks para a frente.
Nach François' Einschätzung war Solleks nun der beste Leithund.
Na opinião de François, Solleks era agora o melhor cão guia.
Buck stürzte sich wütend auf Solleks und trieb ihn aus Protest zurück.
Buck avançou furioso contra Solleks e o empurrou para trás em protesto.
Er stand dort, wo einst Spitz gestanden hatte, und beanspruchte die Führungsposition.
Ele ficou onde Spitz esteve uma vez, reivindicando a posição de liderança.
„Wie? Wie?", rief François und schlug sich amüsiert auf die Schenkel.
"É? É?", gritou François, dando tapinhas nas coxas, divertido.
„Sehen Sie sich Buck an – er hat Spitz umgebracht und jetzt will er ihm den Job wegnehmen!"
"Olhe para o Buck, ele matou o Spitz e agora quer assumir o trabalho!"
„Geh weg, Chook!", schrie er und versuchte, Buck zu vertreiben.
"Vá embora, Chook!" ele gritou, tentando afastar Buck.
Aber Buck weigerte sich, sich zu bewegen und blieb fest im Schnee stehen.
Mas Buck se recusou a se mover e permaneceu firme na neve.
François packte Buck am Genick und zog ihn beiseite.
François agarrou Buck pelo pescoço e o arrastou para o lado.
Buck knurrte leise und drohend, griff aber nicht an.
Buck rosnou baixo e ameaçadoramente, mas não atacou.
François brachte Solleks wieder in Führung und versuchte, den Streit zu schlichten

François colocou Solleks de volta na liderança, tentando resolver a disputa

Der alte Hund zeigte Angst vor Buck und wollte nicht bleiben.

O velho cachorro demonstrou medo de Buck e não queria ficar.

Als François ihm den Rücken zuwandte, verjagte Buck Solleks wieder.

Quando François virou as costas, Buck expulsou Solleks novamente.

Solleks leistete keinen Widerstand und trat erneut leise zur Seite.

Solleks não resistiu e silenciosamente se afastou mais uma vez.

François wurde wütend und schrie: „Bei Gott, ich werde dich heilen!"

François ficou furioso e gritou: "Por Deus, eu vou te consertar!"

Er kam mit einer schweren Keule in der Hand auf Buck zu.

Ele veio em direção a Buck segurando um pesado porrete na mão.

Buck erinnerte sich gut an den Mann im roten Pullover.

Buck se lembrava bem do homem do suéter vermelho.

Er zog sich langsam zurück, beobachtete François, knurrte jedoch tief.

Ele recuou lentamente, observando François, mas rosnando profundamente.

Er eilte nicht zurück, auch nicht, als Solleks an seiner Stelle stand.

Ele não voltou correndo, mesmo quando Solleks assumiu seu lugar.

Buck kreiste knapp außerhalb seiner Reichweite und knurrte wütend und protestierend.

Buck circulou além do alcance, rosnando em fúria e protesto.

Er behielt den Schläger im Auge und war bereit auszuweichen, falls François warf.

Ele manteve os olhos no taco, pronto para desviar se François jogasse.

Er war weise und vorsichtig geworden im Umgang mit bewaffneten Männern.
Ele se tornou sábio e cauteloso em relação aos costumes dos homens armados.

François gab auf und rief Buck erneut an seinen alten Platz.
François desistiu e chamou Buck novamente para seu antigo lugar.

Aber Buck trat vorsichtig zurück und weigerte sich, dem Befehl Folge zu leisten.
Mas Buck recuou cautelosamente, recusando-se a obedecer à ordem.

François folgte ihm, aber Buck wich nur ein paar Schritte zurück.
François o seguiu, mas Buck recuou apenas mais alguns passos.

Nach einiger Zeit warf François frustriert die Waffe hin.
Depois de algum tempo, François jogou a arma no chão, frustrado.

Er dachte, Buck hätte Angst vor einer Tracht Prügel und würde ruhig kommen.
Ele pensou que Buck estava com medo de apanhar e iria agir discretamente.

Aber Buck wollte sich nicht vor einer Strafe drücken – er kämpfte um seinen Rang.
Mas Buck não estava evitando a punição: ele estava lutando por posição.

Er hatte sich den Platz als Leithund durch einen Kampf auf Leben und Tod verdient
Ele conquistou o posto de cão líder por meio de uma luta até a morte

er würde sich mit nichts Geringerem zufrieden geben, als der Anführer zu sein.
ele não iria se contentar com nada menos do que ser o líder.

Perrault beteiligte sich an der Verfolgung, um den rebellischen Buck zu fangen.
Perrault ajudou na perseguição para capturar o rebelde Buck.

Gemeinsam ließen sie ihn fast eine Stunde lang durch das Lager laufen.
Juntos, eles o fizeram correr pelo acampamento por quase uma hora.
Sie warfen Knüppel nach ihm, aber Buck wich jedem Schlag geschickt aus.
Eles atiraram cassetetes nele, mas Buck desviou de cada um deles habilmente.
Sie verfluchten ihn, seine Vorfahren, seine Nachkommen und jedes Haar an ihm.
Eles o amaldiçoaram, a seus ancestrais, a seus descendentes e a cada fio de cabelo dele.
Aber Buck knurrte nur zurück und blieb gerade außerhalb ihrer Reichweite.
Mas Buck apenas rosnou de volta e ficou fora do alcance deles.
Er versuchte nie wegzulaufen, sondern umkreiste das Lager absichtlich.
Ele nunca tentou fugir, mas circulou o acampamento deliberadamente.
Er machte klar, dass er gehorchen würde, sobald sie ihm gäben, was er wollte.
Ele deixou claro que iria obedecer quando lhe dessem o que queria.
Schließlich setzte sich François hin und kratzte sich frustriert am Kopf.
François finalmente sentou-se e coçou a cabeça, frustrado.
Perrault sah auf seine Uhr, fluchte und murmelte etwas über die verlorene Zeit.
Perrault olhou para o relógio, xingou e murmurou sobre o tempo perdido.
Obwohl sie eigentlich auf der Spur sein sollten, war bereits eine Stunde vergangen.
Já havia passado uma hora em que eles deveriam estar na trilha.
François zuckte verlegen mit den Achseln, als der Kurier resigniert seufzte.

François deu de ombros timidamente para o mensageiro, que suspirou derrotado.

Dann ging François zu Solleks und rief Buck noch einmal.
Então François caminhou até Solleks e chamou Buck mais uma vez.

Buck lachte wie ein Hund, wahrte jedoch vorsichtig seine Distanz.
Buck riu como um cachorro ri, mas manteve uma distância cautelosa.

François nahm Solleks das Geschirr ab und brachte ihn an seinen Platz zurück.
François removeu o arreio de Solleks e o colocou de volta em seu lugar.

Das Schlittenteam stand voll angespannt da, nur ein Platz war unbesetzt.
A equipe de trenó estava totalmente equipada, com apenas uma vaga vazia.

Die Führungsposition blieb leer und war eindeutig nur für Buck bestimmt.
A posição de liderança permaneceu vazia, claramente destinada apenas a Buck.

François rief erneut, und wieder lachte Buck und blieb standhaft.
François chamou novamente, e mais uma vez Buck riu e se manteve firme.

„Wirf die Keule weg", befahl Perrault ohne zu zögern.
"Jogue o porrete no chão", ordenou Perrault sem hesitar.

François gehorchte und Buck trabte sofort stolz vorwärts.
François obedeceu, e Buck imediatamente trotou para frente, orgulhoso.

Er lachte triumphierend und übernahm die Führungsposition.
Ele riu triunfantemente e assumiu a posição de liderança.

François befestigte seine Leinen und der Schlitten wurde losgerissen.
François prendeu seus rastros e o trenó foi solto.

Beide Männer liefen neben dem Team her, als es auf den Flusspfad rannte.
Os dois homens correram juntos enquanto a equipe avançava pela trilha do rio.
François hatte Bucks „zwei Teufel" sehr geschätzt,
François tinha em alta conta os "dois demônios" de Buck,
aber er merkte bald, dass er den Hund tatsächlich unterschätzt hatte.
mas ele logo percebeu que na verdade havia subestimado o cachorro.
Buck übernahm schnell die Führung und erbrachte hervorragende Leistungen.
Buck rapidamente assumiu a liderança e teve um desempenho excelente.
In puncto Urteilsvermögen, schnelles Denken und schnelles Handeln übertraf Buck Spitz.
Em julgamento, raciocínio rápido e ação rápida, Buck superou Spitz.
François hatte noch nie einen Hund gesehen, der dem von Buck gleichkam.
François nunca tinha visto um cão igual ao que Buck agora exibia.
Aber Buck war wirklich herausragend darin, für Ordnung zu sorgen und Respekt zu erlangen.
Mas Buck realmente se destacou em impor a ordem e impor respeito.
Dave und Solleks akzeptierten die Änderung ohne Bedenken oder Protest.
Dave e Solleks aceitaram a mudança sem preocupação ou protesto.
Sie konzentrierten sich nur auf die Arbeit und zogen kräftig die Zügel an.
Eles se concentravam apenas no trabalho e em puxar as rédeas com força.
Es war ihnen egal, wer führte, solange der Schlitten in Bewegung blieb.

Pouco se importavam com quem liderava, desde que o trenó continuasse se movendo.

Billee, der Fröhliche, hätte, soweit es sie interessierte, die Führung übernehmen können.

Billee, o alegre, poderia ter liderado, se importasse.

Was ihnen wichtig war, waren Frieden und Ordnung in den Reihen.

O que importava para eles era a paz e a ordem nas fileiras.

Der Rest des Teams war während Spitz' Niedergang unbändig geworden.

O resto da equipe ficou indisciplinado durante o declínio de Spitz.

Sie waren schockiert, als Buck sie sofort zur Ordnung rief.

Eles ficaram chocados quando Buck imediatamente os colocou em ordem.

Pike war immer faul gewesen und hatte Buck hinterhergehangen.

Pike sempre foi preguiçoso e arrastava os pés atrás de Buck.

Doch nun wurde er von der neuen Führung scharf diszipliniert.

Mas agora foi severamente disciplinado pela nova liderança.

Und er lernte schnell, seinen Teil zum Team beizutragen.

E ele rapidamente aprendeu a contribuir com a equipe.

Am Ende des Tages hatte Pike härter gearbeitet als je zuvor.

No final do dia, Pike trabalhou mais do que nunca.

In dieser Nacht im Lager wurde Joe, der mürrische Hund, endlich beruhigt.

Naquela noite no acampamento, Joe, o cão azedo, foi finalmente subjugado.

Spitz hatte es nicht geschafft, ihn zu disziplinieren, aber Buck versagte nicht.

Spitz falhou em disciplinȧ-lo, mas Buck não falhou.

Durch die Nutzung seines größeren Gewichts überwältigte Buck Joe in Sekundenschnelle.

Usando seu peso maior, Buck dominou Joe em segundos.

Er biss und schlug Joe, bis dieser wimmerte und aufhörte, sich zu wehren.
Ele mordeu e bateu em Joe até que ele choramingou e parou de resistir.
Von diesem Moment an verbesserte sich das gesamte Team.
A partir daquele momento, toda a equipe melhorou.
Die Hunde erlangten ihre alte Einheit und Disziplin zurück.
Os cães recuperaram sua antiga unidade e disciplina.
In Rink Rapids kamen zwei neue einheimische Huskies hinzu, Teek und Koona.
Em Rink Rapids, dois novos huskies nativos, Teek e Koona, se juntaram.
Bucks schnelle Ausbildung erstaunte sogar François.
O rápido treinamento de Buck surpreendeu até mesmo François.
„So einen Hund wie diesen Buck hat es noch nie gegeben!", rief er erstaunt.
"Nunca existiu um cão como aquele Buck!" ele gritou, espantado.
„Nein, niemals! Er ist tausend Dollar wert, bei Gott!"
"Não, nunca! Ele vale mil dólares, meu Deus!"
„Wie? Was sagst du dazu, Perrault?", fragte er stolz.
"Hã? O que você diz, Perrault?", perguntou ele, orgulhoso.
Perrault nickte zustimmend und überprüfte seine Notizen.
Perrault concordou com a cabeça e verificou suas anotações.
Wir liegen bereits vor dem Zeitplan und kommen täglich weiter voran.
Já estamos adiantados e ganhando mais a cada dia.
Der Weg war festgestampft und glatt, es lag kein Neuschnee.
A trilha era compactada e lisa, sem neve fresca.
Es war konstant kalt und lag die ganze Zeit bei minus fünfzig Grad.
O frio era constante, oscilando em torno de cinquenta graus abaixo de zero o tempo todo.
Die Männer ritten und rannten abwechselnd, um sich warm zu halten und Zeit zu gewinnen.

Os homens cavalgavam e corriam em turnos para se manterem aquecidos e ganhar tempo.
Die Hunde rannten schnell, mit wenigen Pausen, immer vorwärts.
Os cães corriam rápido, com poucas paradas, sempre avançando.
Der Thirty Mile River war größtenteils zugefroren und leicht zu überqueren.
O Rio Thirty Mile estava quase todo congelado e era fácil atravessá-lo.
Was zehn Tage gedauert hatte, wurde an einem Tag verschickt.
Eles saíram em um dia o que levou dez dias para chegar.
Sie legten einen sechsundneunzig Kilometer langen Sprint vom Lake Le Barge nach White Horse zurück.
Eles correram 96 quilômetros do Lago Le Barge até White Horse.
Sie bewegten sich unglaublich schnell über die Seen Marsh, Tagish und Bennett.
Eles se moveram incrivelmente rápido pelos lagos Marsh, Tagish e Bennett.
Der laufende Mann wird an einem Seil hinter dem Schlitten hergezogen.
O homem correndo foi rebocado pelo trenó por uma corda.
In der letzten Nacht der zweiten Woche erreichten sie ihr Ziel.
Na última noite da segunda semana eles chegaram ao seu destino.
Sie hatten gemeinsam die Spitze des White Pass erreicht.
Eles chegaram juntos ao topo do White Pass.
Sie sanken auf Meereshöhe hinab, mit den Lichtern von Skaguay unter ihnen.
Eles desceram ao nível do mar com as luzes de Skaguay abaixo deles.
Es war ein Rekordlauf durch kilometerlange kalte Wildnis.
Foi uma corrida recorde atravessando quilômetros de deserto frio.

An vierzehn aufeinanderfolgenden Tagen legten sie im Durchschnitt satte vierundsechzig Kilometer zurück.
Durante quatorze dias seguidos, eles percorreram uma média de 64 quilômetros.
In Skaguay transportierten Perrault und François Fracht durch die Stadt.
Em Skaguay, Perrault e François movimentaram cargas pela cidade.
Die bewundernde Menge jubelte ihnen zu und bot ihnen viele Getränke an.
Eles foram aplaudidos e receberam muitas bebidas da multidão admirada.
Hundefänger und Arbeiter versammelten sich um das berühmte Hundegespann.
Caçadores de cães e trabalhadores se reuniram em torno do famoso grupo de cães.
Dann kamen Gesetzlose aus dem Westen in die Stadt und erlitten eine brutale Niederlage.
Então, bandidos ocidentais chegaram à cidade e foram violentamente derrotados.
Die Leute vergaßen bald das Team und konzentrierten sich auf neue Dramen.
As pessoas logo esqueceram o time e se concentraram em um novo drama.
Dann kamen die neuen Befehle, die alles auf einen Schlag veränderten.
Então vieram as novas ordens que mudaram tudo de uma vez.
François rief Buck zu sich und umarmte ihn mit tränenreichem Stolz.
François chamou Buck e o abraçou com orgulho e lágrimas.
In diesem Moment sah Buck François zum letzten Mal wieder.
Aquele momento foi a última vez que Buck viu François novamente.
Wie viele Männer zuvor waren sowohl François als auch Perrault nicht mehr da.
Como muitos homens antes, François e Perrault se foram.

Ein schottischer Mischling übernahm das Kommando über Buck und seine Schlittenhunde-Kollegen.
Um mestiço escocês tomou conta de Buck e seus companheiros de equipe de cães de trenó.

Mit einem Dutzend anderer Hundegespanne kehrten sie auf dem Weg nach Dawson zurück.
Com uma dúzia de outras equipes de cães, eles retornaram pela trilha até Dawson.

Es war kein Schnelllauf mehr, sondern harte Arbeit mit einer schweren Last jeden Tag.
Não era uma corrida rápida, apenas um trabalho pesado com uma carga pesada a cada dia.

Dies war der Postzug, der den Goldsuchern in der Nähe des Pols Nachrichten brachte.
Este era o trem dos correios, trazendo notícias aos caçadores de ouro perto do Polo.

Buck mochte die Arbeit nicht, ertrug sie jedoch gut und war stolz auf seine Leistung.
Buck não gostava do trabalho, mas o suportava bem, orgulhando-se de seu esforço.

Wie Dave und Solleks zeigte Buck Hingabe bei jeder täglichen Aufgabe.
Assim como Dave e Solleks, Buck demonstrou dedicação a cada tarefa diária.

Er stellte sicher, dass jeder seiner Teamkollegen seinen Teil beitrug.
Ele garantiu que cada um dos seus companheiros de equipe fizesse a sua parte.

Das Leben auf dem Trail wurde langweilig und wiederholte sich mit der Präzision einer Maschine.
A vida na trilha tornou-se monótona, repetida com a precisão de uma máquina.

Jeder Tag fühlte sich gleich an, ein Morgen ging in den nächsten über.
Cada dia parecia o mesmo, uma manhã se misturando à outra.

Zur gleichen Stunde standen die Köche auf, um Feuer zu machen und Essen zuzubereiten.

Na mesma hora, os cozinheiros se levantaram para acender fogueiras e preparar comida.
Nach dem Frühstück verließen einige das Lager, während andere die Hunde anspannten.
Depois do café da manhã, alguns deixaram o acampamento enquanto outros atrelaram os cães.
Sie machten sich auf den Weg, bevor die schwache Morgendämmerung den Himmel berührte.
Eles pegaram a trilha antes que o tênue sinal do amanhecer tocasse o céu.
Nachts hielten sie an, um ihr Lager aufzuschlagen, wobei jeder Mann eine festgelegte Aufgabe hatte.
À noite, eles paravam para acampar, cada homem com uma tarefa definida.
Einige stellten die Zelte auf, andere hackten Feuerholz und sammelten Kiefernzweige.
Alguns montaram as tendas, outros cortaram lenha e coletaram galhos de pinheiro.
Zum Abendessen wurde den Köchen Wasser oder Eis mitgebracht.
Água ou gelo eram levados de volta aos cozinheiros para a refeição da noite.
Die Hunde wurden gefüttert und das war für sie der schönste Teil des Tages.
Os cães foram alimentados e esta foi a melhor parte do dia para eles.
Nachdem sie Fisch gegessen hatten, entspannten sich die Hunde und machten es sich in der Nähe des Feuers gemütlich.
Depois de comerem o peixe, os cães relaxaram e descansaram perto do fogo.
Im Konvoi waren noch hundert andere Hunde, unter die man sich mischen konnte.
Havia centenas de outros cães no comboio para se misturar.
Viele dieser Hunde waren wild und kämpften ohne Vorwarnung.

Muitos desses cães eram ferozes e rápidos para brigar sem aviso.
Doch nach drei Siegen war Buck selbst den härtesten Kämpfern überlegen.
Mas depois de três vitórias, Buck dominou até os lutadores mais ferozes.
Als Buck nun knurrte und die Zähne fletschte, traten sie zur Seite.
Agora, quando Buck rosnou e mostrou os dentes, eles se afastaram.
Und das Beste war vielleicht, dass Buck es liebte, neben dem flackernden Lagerfeuer zu liegen.
Talvez o melhor de tudo é que Buck adorava ficar deitado perto da fogueira bruxuleante.
Er hockte mit angezogenen Hinterbeinen und nach vorne gestreckten Vorderbeinen.
Ele se agachou com as patas traseiras dobradas e as dianteiras esticadas para a frente.
Er hatte den Kopf erhoben und blinzelte sanft in die glühenden Flammen.
Sua cabeça estava erguida enquanto ele piscava suavemente para as chamas brilhantes.
Manchmal musste er an Richter Millers großes Haus in Santa Clara denken.
Às vezes ele se lembrava da grande casa do juiz Miller em Santa Clara.
Er dachte an den Zementpool, an Ysabel und den Mops namens Toots.
Ele pensou na piscina de cimento, em Ysabel e no pug chamado Toots.
Aber häufiger musste er an die Keule des Mannes mit dem roten Pullover denken.
Mas, com mais frequência, ele se lembrava do porrete do homem do suéter vermelho.
Er erinnerte sich an Curlys Tod und seinen erbitterten Kampf mit Spitz.

Ele se lembrou da morte de Curly e de sua batalha feroz com Spitz.
Er erinnerte sich auch an das gute Essen, das er gegessen hatte oder von dem er immer noch träumte.
Ele também se lembrou da boa comida que havia comido ou com a qual ainda sonhava.
Buck hatte kein Heimweh – das warme Tal war weit weg und unwirklich.
Buck não sentia saudades de casa: o vale quente era distante e irreal.
Die Erinnerungen an Kalifornien hatten keine große Anziehungskraft mehr auf ihn.
As lembranças da Califórnia não tinham mais nenhum poder sobre ele.
Stärker als die Erinnerung waren die tief in seinem Blut verwurzelten Instinkte.
Mais fortes que a memória eram os instintos arraigados em sua linhagem.
Einst verlorene Gewohnheiten waren zurückgekehrt und durch den Weg und die Wildnis wiederbelebt worden.
Hábitos perdidos retornaram, revividos pela trilha e pela natureza.
Während Buck das Feuerlicht betrachtete, veränderte sich seine Wahrnehmung manchmal.
Enquanto Buck observava a luz do fogo, ela às vezes se transformava em outra coisa.
Er sah im Feuerschein ein anderes Feuer, älter und tiefer als das gegenwärtige.
Ele viu à luz do fogo outro fogo, mais antigo e mais profundo que o atual.
Neben dem anderen Feuer hockte ein Mann, der anders aussah als der Mischlingskoch.
Ao lado daquela outra fogueira estava agachado um homem diferente do cozinheiro mestiço.
Diese Figur hatte kurze Beine, lange Arme und harte, verknotete Muskeln.

Essa figura tinha pernas curtas, braços longos e músculos duros e nodosos.
Sein Haar war lang und verfilzt und fiel von den Augen nach hinten ab.
Seu cabelo era longo e emaranhado, caindo para trás, a partir dos olhos.
Er gab seltsame Geräusche von sich und starrte voller Angst in die Dunkelheit.
Ele fez sons estranhos e olhou com medo para a escuridão.
Er hielt eine Steinkeule tief in seiner langen, rauen Hand fest.
Ele segurava uma pedra bem baixa, firmemente agarrada em sua mão longa e áspera.
Der Mann trug wenig, nur eine verkohlte Haut, die ihm den Rücken hinunterhing.
O homem vestia pouca coisa; apenas uma pele carbonizada que pendia sobre suas costas.
Sein Körper war an Armen, Brust und Oberschenkeln mit dichtem Haar bedeckt.
Seu corpo era coberto de pelos grossos nos braços, peito e coxas.
Einige Teile des Haares waren zu rauen Fellbüscheln verfilzt.
Algumas partes do cabelo estavam emaranhadas em pedaços de pelo áspero.
Er stand nicht gerade, sondern war von der Hüfte bis zu den Knien nach vorne gebeugt.
Ele não ficou em pé, mas sim curvado para a frente, dos quadris aos joelhos.
Seine Schritte waren federnd und katzenartig, als wäre er immer zum Sprung bereit.
Seus passos eram elásticos e felinos, como se estivesse sempre pronto para saltar.
Er war in höchster Wachsamkeit, als lebte er in ständiger Angst.
Havia um estado de alerta intenso, como se ele vivesse em medo constante.

Dieser alte Mann schien mit Gefahr zu rechnen, ob er die Gefahr nun sah oder nicht.
Este homem antigo parecia esperar perigo, quer o perigo fosse visto ou não.
Manchmal schlief der haarige Mann am Feuer, den Kopf zwischen die Beine gesteckt.
Às vezes, o homem peludo dormia perto do fogo, com a cabeça entre as pernas.
Seine Ellbogen ruhten auf seinen Knien, die Hände waren über seinem Kopf gefaltet.
Seus cotovelos estavam apoiados nos joelhos e suas mãos estavam cruzadas acima da cabeça.
Wie ein Hund benutzte er seine haarigen Arme, um den fallenden Regen abzuschütteln.
Como um cão, ele usou seus braços peludos para afastar a chuva que caía.
Hinter dem Feuerschein sah Buck zwei Kohlen im Dunkeln glühen.
Além da luz do fogo, Buck viu duas brasas brilhando no escuro.
Immer zu zweit, waren sie die Augen der sich anpirschenden Raubtiere.
Sempre dois a dois, eles eram os olhos de animais predadores à espreita.
Er hörte, wie Körper durchs Unterholz krachten und Geräusche in der Nacht.
Ele ouviu corpos caindo nos arbustos e sons feitos na noite.
Buck lag blinzelnd am Ufer des Yukon und träumte am Feuer.
Deitado na margem do Yukon, piscando, Buck sonhava perto do fogo.
Die Anblicke und Geräusche dieser wilden Welt ließen ihm die Haare zu Berge stehen.
As imagens e os sons daquele mundo selvagem faziam seus cabelos ficarem arrepiados.
Das Fell stand ihm über den Rücken, die Schultern und den Hals hinauf.

Os pelos se eriçaram ao longo de suas costas, ombros e pescoço.

Er wimmerte leise oder gab ein tiefes Knurren aus der Brust von sich.

Ele choramingava baixinho ou soltava um rosnado baixo, bem no fundo do peito.

Dann rief der Mischlingskoch: „Hey, du Buck, wach auf!"

Então o cozinheiro mestiço gritou: "Ei, Buck, acorde!"

Die Traumwelt verschwand und das wirkliche Leben kehrte in Bucks Augen zurück.

O mundo dos sonhos desapareceu e a vida real retornou aos olhos de Buck.

Er wollte aufstehen, sich strecken und gähnen, als wäre er aus einem Nickerchen erwacht.

Ele ia se levantar, se espreguiçar e bocejar, como se tivesse acordado de um cochilo.

Die Reise war anstrengend, da sie den Postschlitten hinter sich herziehen mussten.

A viagem foi difícil, com o trenó dos correios arrastando-se atrás deles.

Schwere Lasten und harte Arbeit zermürbten die Hunde jeden langen Tag.

Cargas pesadas e trabalho duro desgastavam os cães a cada longo dia.

Sie kamen dünn und müde in Dawson an und brauchten über eine Woche Ruhe.

Eles chegaram a Dawson magros, cansados e precisando de mais de uma semana de descanso.

Doch nur zwei Tage später machten sie sich erneut auf den Weg den Yukon hinunter.

Mas apenas dois dias depois, eles partiram novamente pelo Yukon.

Sie waren mit weiteren Briefen beladen, die für die Außenwelt bestimmt waren.

Eles estavam carregados com mais cartas destinadas ao mundo exterior.

Die Hunde waren erschöpft und die Männer beschwerten sich ständig.
Os cães estavam exaustos e os homens reclamavam constantemente.
Jeden Tag fiel Schnee, der den Weg weicher machte und die Schlitten verlangsamte.
A neve caía todos os dias, amolecendo a trilha e deixando os trenós mais lentos.
Dies führte zu einem stärkeren Ziehen und einem größeren Widerstand der Läufer.
Isso fazia com que a tração fosse mais difícil e gerasse mais arrasto nos corredores.
Trotzdem waren die Fahrer fair und kümmerten sich um ihre Teams.
Apesar disso, os pilotos foram justos e se preocuparam com suas equipes.
Jeden Abend wurden die Hunde gefüttert, bevor die Männer etwas zu essen bekamen.
Todas as noites, os cães eram alimentados antes que os homens pudessem comer.
Kein Mann geht schlafen, ohne vorher die Pfoten seines eigenen Hundes zu kontrollieren.
Nenhum homem dormiu antes de verificar as patas do seu próprio cachorro.
Dennoch wurden die Hunde mit jeder zurückgelegten Strecke schwächer.
Mesmo assim, os cães ficaram mais fracos à medida que os quilômetros percorridos desgastavam seus corpos.
Sie waren den ganzen Winter über zweitausendachthundert Kilometer gereist.
Eles viajaram mil e oitocentos quilômetros durante o inverno.
Sie zogen Schlitten über jede Meile dieser brutalen Distanz.
Eles puxaram trenós por cada quilômetro daquela distância brutal.
Selbst die härtesten Schlittenhunde spüren nach so vielen Kilometern die Belastung.

Até mesmo os cães de trenó mais resistentes sentem tensão depois de tantos quilômetros.
Buck hielt durch, sorgte für die Weiterarbeit seines Teams und sorgte für die nötige Disziplin.
Buck resistiu, manteve sua equipe trabalhando e manteve a disciplina.
Aber Buck war müde, genau wie die anderen auf der langen Reise.
Mas Buck estava cansado, assim como os outros na longa jornada.
Billee wimmerte und weinte jede Nacht ohne Ausnahme im Schlaf.
Billee choramingava e chorava durante o sono todas as noites, sem exceção.
Joe wurde noch verbitterter und Solleks blieb kalt und distanziert.
Joe ficou ainda mais amargo, e Solleks permaneceu frio e distante.
Doch Dave war derjenige des gesamten Teams, der am meisten darunter litt.
Mas foi Dave quem sofreu mais de toda a equipe.
Irgendetwas in seinem Inneren war schiefgelaufen, doch niemand wusste, was.
Algo deu errado dentro dele, embora ninguém soubesse o quê.
Er wurde launischer und fuhr andere mit wachsender Wut an.
Ele ficou mais mal-humorado e começou a atacar os outros com raiva cada vez maior.
Jede Nacht ging er direkt zu seinem Nest und wartete darauf, gefüttert zu werden.
Todas as noites ele ia direto para o ninho, esperando para ser alimentado.
Als Dave einmal unten war, stand er bis zum Morgen nicht mehr auf.
Depois que ele caiu, Dave não se levantou até de manhã.

Plötzliche Rucke oder Anlaufe an den Zügeln ließen ihn vor Schmerzen aufschreien.
Nas rédeas, solavancos ou sobressaltos repentinos o faziam gritar de dor.
Sein Fahrer suchte nach der Ursache, konnte jedoch keine Verletzungen feststellen.
O motorista procurou a causa, mas não encontrou nenhum ferimento nele.
Alle Fahrer beobachteten Dave und besprachen seinen Fall.
Todos os motoristas começaram a observar Dave e discutir seu caso.
Sie unterhielten sich beim Essen und während ihrer letzten Zigarette des Tages.
Eles conversavam durante as refeições e durante o último cigarro do dia.
Eines Nachts hielten sie eine Versammlung ab und brachten Dave zum Feuer.
Uma noite eles fizeram uma reunião e levaram Dave até a fogueira.
Sie drückten und untersuchten seinen Körper und er schrie oft.
Eles pressionaram e sondaram seu corpo, e ele gritava frequentemente.
Offensichtlich stimmte etwas nicht, auch wenn keine Knochen gebrochen zu sein schienen.
Claramente, algo estava errado, embora nenhum osso parecesse quebrado.
Als sie Cassiar Bar erreichten, war Dave am Umfallen.
Quando chegaram ao Cassiar Bar, Dave estava caindo.
Der schottische Mischling machte Schluss und nahm Dave aus dem Team.
O mestiço escocês deu uma parada e tirou Dave do time.
Er befestigte Solleks an Daves Stelle, ganz vorne am Schlitten.
Ele prendeu Solleks no lugar de Dave, mais próximo da frente do trenó.

Er wollte Dave ausruhen und ihm die Freiheit geben, hinter dem fahrenden Schlitten herzulaufen.
Ele queria deixar Dave descansar e correr livremente atrás do trenó em movimento.

Doch selbst als er krank war, hasste Dave es, von seinem Job geholt zu werden.
Mas mesmo doente, Dave odiava ser tirado do emprego que tinha.

Er knurrte und wimmerte, als ihm die Zügel aus dem Körper gerissen wurden.
Ele rosnou e choramingou quando as rédeas foram puxadas de seu corpo.

Als er Solleks an seiner Stelle sah, weinte er vor gebrochenem Herzen.
Quando viu Solleks em seu lugar, ele chorou de dor e de coração partido.

Dave war noch immer stolz auf seine Arbeit auf dem Weg, selbst als der Tod nahte.
O orgulho do trabalho nas trilhas estava profundamente enraizado em Dave, mesmo quando a morte se aproximava.

Während der Schlitten fuhr, kämpfte sich Dave durch den weichen Schnee in der Nähe des Pfades.
Enquanto o trenó se movia, Dave cambaleava pela neve fofa perto da trilha.

Er griff Solleks an, biss ihn und stieß ihn von der Seite des Schlittens.
Ele atacou Solleks, mordendo-o e empurrando-o para longe do trenó.

Dave versuchte, in das Geschirr zu springen und seinen Arbeitsplatz zurückzuerobern.
Dave tentou pular no arnês e retomar seu lugar de trabalho.

Er schrie, jammerte und weinte, hin- und hergerissen zwischen Schmerz und Stolz auf die Wehen.
Ele gritou, choramingou e gemeu, dividido entre a dor e o orgulho do trabalho de parto.

Der Mischling versuchte, Dave mit seiner Peitsche vom Team zu vertreiben.

O mestiço usou seu chicote para tentar afastar Dave do time.
Doch Dave ignorierte den Hieb und der Mann konnte nicht härter zuschlagen.
Mas Dave ignorou o chicote, e o homem não conseguiu atingilo com mais força.
Dave lehnte den einfacheren Weg hinter dem Schlitten ab, wo der Schnee festgefahren war.
Dave recusou o caminho mais fácil atrás do trenó, onde a neve estava compactada.
Stattdessen kämpfte er sich elend durch den tiefen Schnee neben dem Weg.
Em vez disso, ele lutou na neve profunda ao lado da trilha, em sofrimento.
Schließlich brach Dave zusammen, blieb im Schnee liegen und schrie vor Schmerzen.
Por fim, Dave desabou, ficando deitado na neve e gritando de dor.
Er schrie auf, als die lange Schlittenkette einer nach dem anderen an ihm vorbeifuhr.
Ele gritou quando o longo trem de trenós passou por ele, um por um.
Dennoch stand er mit der ihm verbleibenden Kraft auf und stolperte ihnen hinterher.
Mesmo assim, com as poucas forças que lhe restavam, ele se levantou e cambaleou atrás deles.
Als der Zug wieder anhielt, holte er ihn ein und fand seinen alten Schlitten.
Ele o alcançou quando o trem parou novamente e encontrou seu velho trenó.
Er kämpfte sich an den anderen Teams vorbei und stand wieder neben Solleks.
Ele passou cambaleando pelos outros times e ficou ao lado de Solleks novamente.
Als der Fahrer anhielt, um seine Pfeife anzuzünden, nutzte Dave seine letzte Chance.
Quando o motorista parou para acender seu cachimbo, Dave aproveitou sua última chance.

Als der Fahrer zurückkam und schrie, bewegte sich das Team nicht weiter.
Quando o motorista retornou e gritou, a equipe não avançou.
Die Hunde hatten ihre Köpfe gedreht, verwirrt durch den plötzlichen Stopp.
Os cães viraram a cabeça, confusos com a parada repentina.
Auch der Fahrer war schockiert – der Schlitten hatte sich keinen Zentimeter vorwärts bewegt.
O motorista também ficou chocado: o trenó não se moveu um centímetro para frente.
Er rief den anderen zu, sie sollten kommen und nachsehen, was passiert sei.
Ele chamou os outros para virem ver o que tinha acontecido.
Dave hatte Solleks' Zügel durchgekaut und beide auseinandergerissen.
Dave mastigou as rédeas de Solleks, quebrando ambas.
Nun stand er vor dem Schlitten, wieder an seinem rechtmäßigen Platz.
Agora ele estava em frente ao trenó, de volta à sua posição correta.
Dave blickte zum Fahrer auf und flehte ihn stumm an, in der Spur zu bleiben.
Dave olhou para o motorista, implorando silenciosamente para que ele permanecesse na pista.
Der Fahrer war verwirrt und wusste nicht, was er für den zappelnden Hund tun sollte.
O motorista ficou confuso, sem saber o que fazer com o cachorro que estava sofrendo.
Die anderen Männer sprachen von Hunden, die beim Rausbringen gestorben waren.
Os outros homens falaram de cães que morreram por terem sido levados para passear.
Sie erzählten von alten oder verletzten Hunden, denen es das Herz brach, als sie zurückgelassen wurden.
Eles contaram sobre cães velhos ou feridos cujos corações se partiram quando deixados para trás.

Sie waren sich einig, dass es Gnade wäre, Dave sterben zu lassen, während er noch im Geschirr steckte.
Eles concordaram que seria uma misericórdia deixar Dave morrer enquanto ele ainda estava usando seu cinto.
Er wurde wieder auf dem Schlitten festgeschnallt und Dave zog voller Stolz.
Ele foi preso novamente ao trenó, e Dave puxou com orgulho.
Obwohl er manchmal schrie, arbeitete er, als könne man den Schmerz ignorieren.
Embora ele gritasse às vezes, ele trabalhava como se a dor pudesse ser ignorada.
Mehr als einmal fiel er und wurde mitgeschleift, bevor er wieder aufstand.
Mais de uma vez ele caiu e foi arrastado antes de se levantar novamente.
Einmal wurde er vom Schlitten überrollt und von diesem Moment an humpelte er.
Certa vez, o trenó passou por cima dele, e ele mancou a partir daquele momento.
Trotzdem arbeitete er, bis das Lager erreicht war, und legte sich dann ans Feuer.
Mesmo assim, ele trabalhou até chegar ao acampamento e então ficou deitado perto do fogo.
Am Morgen war Dave zu schwach, um zu reisen oder auch nur aufrecht zu stehen.
Pela manhã, Dave estava fraco demais para andar ou mesmo ficar em pé.
Als es Zeit war, das Geschirr anzulegen, versuchte er mit zitternder Anstrengung, seinen Fahrer zu erreichen.
Na hora de arrear, ele tentou alcançar seu motorista com esforço trêmulo.
Er rappelte sich auf, taumelte und brach auf dem schneebedeckten Boden zusammen.
Ele se forçou a levantar, cambaleou e caiu no chão nevado.
Mithilfe seiner Vorderbeine zog er seinen Körper in Richtung des Angeschirrs.

Usando as patas dianteiras, ele arrastou o corpo em direção à área de arreios.
Zentimeter für Zentimeter schob er sich auf die Arbeitshunde zu.
Ele avançou, centímetro por centímetro, em direção aos cães de trabalho.
Er verließ die Kraft, aber er machte mit seinem letzten verzweifelten Vorstoß weiter.
Suas forças acabaram, mas ele continuou se movendo em seu último esforço desesperado.
Seine Teamkollegen sahen ihn im Schnee nach Luft schnappen und sich immer noch danach sehnen, zu ihnen zu kommen.
Seus companheiros de equipe o viram ofegante na neve, ainda ansioso para se juntar a eles.
Sie hörten ihn vor Kummer schreien, als sie das Lager hinter sich ließen.
Eles o ouviram uivando de tristeza enquanto deixavam o acampamento para trás.
Als das Team zwischen den Bäumen verschwand, hallte Daves Schrei hinter ihnen wider.
Enquanto a equipe desaparecia nas árvores, o grito de Dave ecoou atrás deles.
Der Schlittenzug hielt kurz an, nachdem er einen Abschnitt des Flusswalds überquert hatte.
O trem de trenó parou brevemente depois de cruzar um trecho de matagal perto do rio.
Der schottische Mischling ging langsam zurück zum Lager dahinter.
O mestiço escocês caminhou lentamente de volta para o acampamento atrás.
Die Männer verstummten, als sie ihn den Schlittenzug verlassen sahen.
Os homens pararam de falar quando o viram sair do trem de trenó.
Dann ertönte ein einzelner Schuss klar und scharf über den Weg.

Então, um único tiro ecoou claro e agudo pela trilha.
Der Mann kam schnell zurück und nahm wortlos seinen Platz ein.
O homem retornou rapidamente e assumiu seu lugar sem dizer uma palavra.
Peitschen knallten, Glöckchen bimmelten und die Schlitten rollten durch den Schnee.
Chicotes estalavam, sinos tilintavam e os trenós rolavam pela neve.
Aber Buck wusste, was passiert war – und alle anderen Hunde auch.
Mas Buck sabia o que tinha acontecido — e todos os outros cães também.

Die Mühen der Zügel und des Trails
O Trabalho das Rédeas e da Trilha

Dreißig Tage nach dem Verlassen von Dawson erreichte die Salt Water Mail Skaguay.
Trinta dias depois de deixar Dawson, o Salt Water Mail chegou a Skaguay.
Buck und seine Teamkollegen gingen in Führung, kamen aber in einem erbärmlichen Zustand an.
Buck e seus companheiros assumiram a liderança, chegando em condições lamentáveis.
Buck hatte von hundertvierzig auf hundertfünfzehn Pfund abgenommen.
Buck havia caído de cento e quarenta para cento e quinze libras.
Die anderen Hunde hatten, obwohl kleiner, noch mehr Körpergewicht verloren.
Os outros cães, embora menores, perderam ainda mais peso corporal.
Pike, einst ein vorgetäuschter Hinker, schleppte nun ein wirklich verletztes Bein hinter sich her.
Pike, que antes era um falso manco, agora arrastava uma perna realmente machucada atrás de si.
Solleks humpelte stark und Dub hatte ein verrenktes Schulterblatt.
Solleks estava mancando muito, e Dub tinha uma escápula deslocada.
Die Füße aller Hunde im Team waren von den Wochen auf dem gefrorenen Pfad wund.
Todos os cães da equipe estavam com dores nas patas devido às semanas na trilha congelada.
Ihre Schritte waren völlig federnd und bewegten sich nur langsam und schleppend.
Eles não tinham mais elasticidade em seus passos, apenas um movimento lento e arrastado.
Ihre Füße treffen den Weg hart und jeder Schritt belastet ihren Körper stärker.

Seus pés batiam forte na trilha, e cada passo acrescentava mais tensão aos seus corpos.
Sie waren nicht krank, sondern nur so erschöpft, dass sie sich auf natürliche Weise nicht mehr erholen konnten.
Eles não estavam doentes, apenas esgotados além de qualquer recuperação natural.
Dies war nicht die Müdigkeit eines harten Tages, die durch eine Nachtruhe geheilt werden konnte.
Não era cansaço de um dia duro, curado com uma noite de descanso.
Es war eine Erschöpfung, die sich durch monatelange, zermürbende Anstrengungen langsam aufgebaut hatte.
Era uma exaustão construída lentamente ao longo de meses de esforço extenuante.
Es waren keine Kraftreserven mehr vorhanden, sie hatten alles aufgebraucht, was sie hatten.
Não havia mais nenhuma força de reserva, eles já tinham esgotado tudo o que tinham.
Jeder Muskel, jede Faser und jede Zelle ihres Körpers war erschöpft und abgenutzt.
Cada músculo, fibra e célula em seus corpos estava gasto e desgastado.
Und das hatte seinen Grund: Sie hatten zweitausendfünfhundert Meilen zurückgelegt.
E havia uma razão: eles percorreram mais de 4.000 quilômetros.
Auf den letzten zweitausendachthundert Kilometern hatten sie sich nur fünf Tage ausgeruht.
Eles descansaram apenas cinco dias durante os últimos mil e oitocentos quilômetros.
Als sie Skaguay erreichten, sahen sie aus, als könnten sie kaum aufrecht stehen.
Quando chegaram a Skaguay, eles mal conseguiam ficar de pé.
Sie hatten Mühe, die Zügel straff zu halten und vor dem Schlitten zu bleiben.

Eles lutaram para manter as rédeas firmes e ficar à frente do trenó.

Auf abschüssigen Hängen konnten sie nur noch vermeiden, überfahren zu werden.

Nas descidas, eles só conseguiram evitar serem atropelados.

„Weiter, ihr armen, wunden Füße", sagte der Fahrer, während sie weiterhumpelten.

"Marchem, pobres pés doloridos", disse o motorista enquanto eles mancavam.

„Das ist die letzte Strecke, danach bekommen wir alle auf jeden Fall noch eine lange Pause."

"Este é o último trecho, depois todos nós teremos um longo descanso, com certeza."

„Eine richtig lange Pause", versprach er und sah ihnen nach, wie sie weiter taumelten.

"Um descanso realmente longo", ele prometeu, observando-os cambalear para a frente.

Die Fahrer rechneten damit, dass sie nun eine lange, notwendige Pause bekommen würden.

Os pilotos esperavam que agora teriam uma longa e necessária pausa.

Sie hatten zweitausend Meilen zurückgelegt und nur zwei Tage Pause gemacht.

Eles viajaram mil e duzentos quilômetros com apenas dois dias de descanso.

Sie waren der Meinung, dass sie sich die Zeit zum Entspannen verdient hätten, und das aus fairen und vernünftigen Gründen.

Por justiça e razão, eles sentiram que ganharam tempo para relaxar.

Aber zu viele waren zum Klondike gekommen und zu wenige waren zu Hause geblieben.

Mas muitos foram ao Klondike e poucos ficaram em casa.

Es gingen unzählige Briefe von Familien ein, die zu Bergen verspäteter Post führten.

Cartas de famílias chegavam em massa, criando pilhas de correspondências atrasadas.

Offizielle Anweisungen trafen ein – neue Hudson Bay-Hunde würden die Nachfolge antreten.
Ordens oficiais chegaram: novos cães da Baía de Hudson iriam assumir o controle.
Die erschöpften Hunde, die nun als wertlos galten, sollten entsorgt werden.
Os cães exaustos, agora considerados inúteis, deveriam ser descartados.
Da Geld wichtiger war als Hunde, sollten sie billig verkauft werden.
Como o dinheiro importava mais que os cães, eles seriam vendidos por um preço baixo.
Drei weitere Tage vergingen, bevor die Hunde spürten, wie schwach sie waren.
Mais três dias se passaram antes que os cães percebessem o quão fracos estavam.
Am vierten Morgen kauften zwei Männer aus den Staaten das gesamte Team.
Na quarta manhã, dois homens dos Estados Unidos compraram o time inteiro.
Der Verkauf umfasste alle Hunde sowie ihre abgenutzte Geschirrausrüstung.
A venda incluiu todos os cães, além de seus arreios usados.
Die Männer nannten sich gegenseitig „Hal" und „Charles", als sie den Deal abschlossen.
Os homens se chamavam de "Hal" e "Charles" enquanto concluíam o negócio.
Charles war mittleren Alters, blass, hatte schlaffe Lippen und wilde Schnurrbartspitzen.
Charles era um homem de meia-idade, pálido, com lábios flácidos e pontas de bigode bem marcadas.
Hal war ein junger Mann, vielleicht neunzehn, der einen Patronengürtel trug.
Hal era um rapaz, talvez dezenove anos, que usava um cinto cheio de cartuchos.
Am Gürtel befanden sich ein großer Revolver und ein Jagdmesser, beide unbenutzt.

O cinto continha um grande revólver e uma faca de caça, ambos sem uso.

Es zeigte, wie unerfahren und ungeeignet er für das Leben im Norden war.

Isso mostrou o quão inexperiente e inadequado ele era para a vida no norte.

Keiner der beiden Männer gehörte in die Wildnis; ihre Anwesenheit widersprach jeder Vernunft.

Nenhum dos dois homens pertencia à natureza; suas presenças desafiavam toda a razão.

Buck beobachtete, wie das Geld zwischen Käufer und Makler den Besitzer wechselte.

Buck observou o dinheiro sendo trocado entre o comprador e o agente.

Er wusste, dass die Postzugführer sein Leben wie alle anderen verlassen würden.

Ele sabia que os maquinistas do trem postal estavam abandonando sua vida, assim como os demais.

Sie folgten Perrault und François, die nun unwiederbringlich verschwunden waren.

Eles seguiram Perrault e François, agora desaparecidos e irrecuperáveis.

Buck und das Team wurden in das schlampige Lager ihrer neuen Besitzer geführt.

Buck e a equipe foram levados ao acampamento desleixado de seus novos donos.

Das Zelt hing durch, das Geschirr war schmutzig und alles lag in Unordnung.

A barraca estava afundada, os pratos estavam sujos e tudo estava em desordem.

Buck bemerkte dort auch eine Frau – Mercedes, Charles' Frau und Hals Schwester.

Buck também notou uma mulher ali — Mercedes, esposa de Charles e irmã de Hal.

Sie bildeten eine vollständige Familie, obwohl sie alles andere als für den Wanderpfad geeignet waren.

Eles formavam uma família completa, embora nada adequados à trilha.

Buck beobachtete nervös, wie das Trio begann, die Vorräte einzupacken.
Buck observou nervosamente o trio começar a embalar os suprimentos.

Sie arbeiteten hart, aber ohne Ordnung – nur Aufhebens und vergeudete Mühe.
Eles trabalharam duro, mas sem ordem — apenas confusão e esforço desperdiçado.

Das Zelt war zu einer sperrigen Form zusammengerollt und viel zu groß für den Schlitten.
A barraca foi enrolada em um formato volumoso, grande demais para o trenó.

Schmutziges Geschirr wurde eingepackt, ohne dass es gespült oder getrocknet worden wäre.
Pratos sujos foram embalados sem serem limpos ou secos.

Mercedes flatterte herum, redete, korrigierte und mischte sich ständig ein.
Mercedes andava por aí, falando, corrigindo e se intrometendo constantemente.

Als ein Sack vorne platziert wurde, bestand sie darauf, dass er hinten drankam.
Quando um saco era colocado na frente, ela insistia que ele fosse colocado atrás.

Sie packte den Sack ganz unten rein und im nächsten Moment brauchte sie ihn.
Ela colocou o saco no fundo e no momento seguinte ela precisou dele.

Also wurde der Schlitten erneut ausgepackt, um an die eine bestimmte Tasche zu gelangen.
Então o trenó foi desempacotado novamente para chegar àquela bolsa específica.

In der Nähe standen drei Männer vor einem Zelt und beobachteten die Szene.
Perto dali, três homens estavam do lado de fora de uma barraca, observando a cena se desenrolar.

Sie lächelten, zwinkerten und grinsten über die offensichtliche Verwirrung der Neuankömmlinge.
Eles sorriram, piscaram e riram da confusão óbvia dos recém-chegados.

„Sie haben schon eine ziemlich schwere Last", sagte einer der Männer.
"Você já tem uma carga bem pesada", disse um dos homens.

„Ich glaube nicht, dass Sie das Zelt tragen sollten, aber es ist Ihre Entscheidung."
"Não acho que você deva carregar essa barraca, mas a escolha é sua."

„Unvorstellbar!", rief Mercedes und warf verzweifelt die Hände in die Luft.
"Inimaginável!" gritou Mercedes, erguendo as mãos em desespero.

„Wie könnte ich ohne Zelt reisen, unter dem ich übernachten kann?"
"Como eu poderia viajar sem uma barraca para ficar?"

„Es ist Frühling – Sie werden kein kaltes Wetter mehr erleben", antwortete der Mann.
"É primavera — você não verá mais frio", respondeu o homem.

Aber sie schüttelte den Kopf und sie stapelten weiterhin Gegenstände auf den Schlitten.
Mas ela balançou a cabeça, e eles continuaram empilhando itens no trenó.

Als sie die letzten Dinge hinzufügten, türmte sich die Ladung gefährlich hoch auf.
A carga subiu perigosamente enquanto eles adicionavam as coisas finais.

„Glauben Sie, der Schlitten fährt?", fragte einer der Männer mit skeptischem Blick.
"Você acha que o trenó vai andar?" perguntou um dos homens com um olhar cético.

„Warum sollte es nicht?", blaffte Charles mit scharfer Verärgerung zurück.
"Por que não?", Charles retrucou com grande irritação.

„Oh, das ist schon in Ordnung", sagte der Mann schnell und wich seiner Beleidigung aus.

"Ah, está tudo bem", disse o homem rapidamente, afastando-se da ofensa.

„Ich habe mich nur gewundert – es sah für mich einfach ein bisschen zu kopflastig aus."

"Eu só estava pensando — pareceu um pouco pesado demais para mim."

Charles drehte sich um und band die Ladung so gut fest, wie er konnte.

Charles se virou e amarrou a carga da melhor maneira que pôde.

Allerdings waren die Zurrgurte locker und die Verpackung insgesamt schlecht ausgeführt.

Mas as amarrações estavam frouxas e a embalagem, no geral, estava mal feita.

„Klar, die Hunde machen das den ganzen Tag", sagte ein anderer Mann sarkastisch.

"Claro, os cães vão fazer isso o dia todo", disse outro homem sarcasticamente.

„Natürlich", antwortete Hal kalt und packte die lange Lenkstange des Schlittens.

"Claro", respondeu Hal friamente, agarrando o longo mastro do trenó.

Mit einer Hand an der Stange schwang er mit der anderen die Peitsche.

Com uma mão no mastro, ele balançava o chicote na outra.

„Los geht's!", rief er. „Bewegt euch!", und trieb die Hunde zum Aufbruch an.

"Vamos!", gritou ele. "Andem logo!", incitando os cães a se mexerem.

Die Hunde lehnten sich in das Geschirr und spannten sich einige Augenblicke lang an.

Os cães se inclinaram no arreio e se esforçaram por alguns momentos.

Dann blieben sie stehen, da sie den überladenen Schlitten keinen Zentimeter bewegen konnten.

Então eles pararam, incapazes de mover o trenó
sobrecarregado um centímetro sequer.
„Diese faulen Bestien!", schrie Hal und hob die Peitsche, um
sie zu schlagen.
"Que brutos preguiçosos!" Hal gritou, levantando o chicote
para atacá-los.
Doch Mercedes stürzte herein und riss Hal die Peitsche aus
der Hand.
Mas Mercedes correu e pegou o chicote das mãos de Hal.
„Oh, Hal, wage es ja nicht, ihnen wehzutun", rief sie
alarmiert.
"Oh, Hal, não ouse machucá-los", ela gritou alarmada.
„Versprich mir, dass du nett zu ihnen bist, sonst gehe ich
keinen Schritt weiter."
"Prometa-me que será gentil com eles, ou não darei mais
nenhum passo."
„Du weißt nichts über Hunde", fuhr Hal seine Schwester an.
"Você não sabe nada sobre cachorros", Hal retrucou para sua
irmã.
„Sie sind faul, und die einzige Möglichkeit, sie zu bewegen,
besteht darin, sie zu peitschen."
"Eles são preguiçosos, e a única maneira de movê-los é
chicoteá-los."
„Fragen Sie irgendjemanden – fragen Sie einen dieser
Männer dort drüben, wenn Sie mir nicht glauben."
"Pergunte a qualquer um — pergunte a um daqueles homens
ali se você duvida de mim."
Mercedes sah die Zuschauer mit flehenden, tränennassen
Augen an.
Mercedes olhou para os espectadores com olhos suplicantes e
lacrimejantes.
Ihr Gesicht zeigte, wie sehr sie den Anblick jeglichen
Schmerzes hasste.
Seu rosto mostrava o quanto ela odiava a visão de qualquer
dor.
„Sie sind schwach, das ist alles", sagte ein Mann. „Sie sind
erschöpft."

"Eles estão fracos, só isso", disse um homem. "Estão exaustos."
„Sie brauchen Ruhe – sie haben zu lange ohne Pause gearbeitet."
"Eles precisam de descanso, pois trabalharam muito tempo sem fazer uma pausa."
„Der Rest sei verflucht", murmelte Hal mit verzogenen Lippen.
"Que o resto seja amaldiçoado", Hal murmurou com o lábio curvado.
Mercedes schnappte nach Luft, sein grobes Wort schmerzte sie sichtlich.
Mercedes engasgou, claramente magoada com a palavra grosseira dele.
Dennoch blieb sie loyal und verteidigte ihren Bruder sofort.
Mesmo assim, ela permaneceu leal e defendeu seu irmão instantaneamente.
„Kümmere dich nicht um den Mann", sagte sie zu Hal. „Das sind unsere Hunde."
"Não ligue para aquele homem", disse ela a Hal. "Eles são nossos cachorros."
„Fahren Sie sie, wie Sie es für richtig halten – tun Sie, was Sie für richtig halten."
"Você os dirige como achar melhor — faça o que achar certo."
Hal hob die Peitsche und schlug die Hunde erneut gnadenlos.
Hal levantou o chicote e golpeou os cães novamente sem piedade.
Sie stürzten sich nach vorne, die Körper tief gebeugt, die Füße in den Schnee gedrückt.
Eles avançaram, com os corpos abaixados e os pés fincados na neve.
Sie gaben sich alle Mühe, den Schlitten zu ziehen, aber er bewegte sich nicht.
Toda a força deles foi direcionada para puxar, mas o trenó não se movia.
Der Schlitten blieb wie ein im Schnee festgefrorener Anker stecken.

O trenó ficou preso, como uma âncora congelada na neve compactada.

Nach einem zweiten Versuch blieben die Hunde wieder stehen und keuchten schwer.

Após uma segunda tentativa, os cães pararam novamente, ofegando intensamente.

Hal hob die Peitsche noch einmal, gerade als Mercedes erneut eingriff.

Hal levantou o chicote mais uma vez, no momento em que Mercedes interferiu novamente.

Sie fiel vor Buck auf die Knie und umarmte seinen Hals.

Ela caiu de joelhos na frente de Buck e abraçou seu pescoço.

Tränen traten ihr in die Augen, als sie den erschöpften Hund anflehte.

Lágrimas encheram seus olhos enquanto ela implorava ao cachorro exausto.

„Ihr Armen", sagte sie, „warum zieht ihr nicht einfach stärker?"

"Coitados", ela disse, "por que vocês não puxam com mais força?"

„Wenn du ziehst, wirst du nicht so ausgepeitscht."

"Se você puxar, não será chicoteado desse jeito."

Buck mochte Mercedes nicht, aber er war zu müde, um ihr jetzt zu widerstehen.

Buck não gostava de Mercedes, mas estava cansado demais para resistir a ela agora.

Er akzeptierte ihre Tränen als einen weiteren Teil dieses elenden Tages.

Ele aceitou as lágrimas dela como apenas mais uma parte daquele dia miserável.

Einer der zuschauenden Männer ergriff schließlich das Wort, nachdem er seinen Ärger unterdrückt hatte.

Um dos homens que assistiam finalmente falou depois de conter sua raiva.

„Es ist mir egal, was mit euch passiert, Leute, aber diese Hunde sind wichtig."

"Não me importa o que aconteça com vocês, mas esses cães são importantes."
„Wenn du helfen willst, mach den Schlitten los – er ist am Schnee festgefroren."
"Se você quiser ajudar, solte esse trenó, ele está congelado na neve."
„Drücken Sie fest auf die Gee-Stange, rechts und links, und brechen Sie die Eisversiegelung."
"Empurre o mastro com força, para a direita e para a esquerda, e quebre a camada de gelo."
Ein dritter Versuch wurde unternommen, diesmal auf Vorschlag des Mannes.
Uma terceira tentativa foi feita, desta vez seguindo a sugestão do homem.
Hal schaukelte den Schlitten von einer Seite auf die andere und löste so die Kufen.
Hal balançou o trenó de um lado para o outro, soltando os patins.
Obwohl der Schlitten überladen und unhandlich war, machte er schließlich einen Satz nach vorne.
O trenó, embora sobrecarregado e desajeitado, finalmente deu um solavanco para a frente.
Buck und die anderen zogen wild, angetrieben von einem Sturm aus Schleudertraumen.
Buck e os outros puxavam descontroladamente, impulsionados por uma tempestade de chicotadas.
Hundert Meter weiter machte der Weg eine Biegung und führte in die Straße hinein.
Cem metros à frente, a trilha fazia uma curva e descia até a rua.
Um den Schlitten aufrecht zu halten, hätte es eines erfahrenen Fahrers bedurft.
Seria necessário um motorista habilidoso para manter o trenó na posição vertical.
Hal war nicht geschickt und der Schlitten kippte, als er um die Kurve schwang.
Hal não era habilidoso, e o trenó tombou ao fazer a curva.

Lose Zurrgurte gaben nach und die Hälfte der Ladung ergoss sich auf den Schnee.
As amarras frouxas cederam e metade da carga caiu na neve.
Die Hunde hielten nicht an; der leichtere Schlitten flog auf der Seite weiter.
Os cães não pararam; o trenó mais leve voou de lado.
Wütend über die Beschimpfungen und die schwere Last rannten die Hunde noch schneller.
Irritados com os abusos e o fardo pesado, os cães correram mais rápido.
Buck rannte wütend los und das Team folgte ihm.
Buck, furioso, começou a correr, com a equipe seguindo atrás.
Hal rief „Whoa! Whoa!", aber das Team beachtete ihn nicht.
Hal gritou "Uau! Uau!", mas a equipe não lhe deu atenção.
Er stolperte, fiel und wurde am Geschirr über den Boden geschleift.
Ele tropeçou, caiu e foi arrastado pelo chão pelo arnês.
Der umgekippte Schlitten wurde über ihn geworfen, als die Hunde weiterrasten.
O trenó virado passou por cima dele enquanto os cães corriam na frente.
Die restlichen Vorräte verteilten sich über die belebte Straße von Skaguay.
O restante dos suprimentos foi espalhado pela movimentada rua de Skaguay.
Gutherzige Menschen eilten herbei, um die Hunde anzuhalten und die Ausrüstung einzusammeln.
Pessoas bondosas correram para parar os cães e recolher os equipamentos.
Sie gaben den neuen Reisenden auch direkte und praktische Ratschläge.
Eles também deram conselhos diretos e práticos aos novos viajantes.
„Wenn Sie Dawson erreichen wollen, nehmen Sie die halbe Ladung und die doppelte Anzahl an Hunden mit."
"Se você quiser chegar a Dawson, leve metade da carga e o dobro dos cães."

Hal, Charles und Mercedes hörten zu, wenn auch nicht mit Begeisterung.
Hal, Charles e Mercedes ouviram, embora não com entusiasmo.
Sie bauten ihr Zelt auf und begannen, ihre Vorräte zu sortieren.
Eles montaram suas barracas e começaram a separar seus suprimentos.
Heraus kamen Konserven, die die Zuschauer laut lachen ließen.
Saíram alimentos enlatados, o que fez os espectadores rirem alto.
„Konserven auf dem Weg? Bevor die schmelzen, verhungern Sie", sagte einer.
"Enlatados na trilha? Você vai morrer de fome antes que derreta", disse um deles.
„Hoteldecken? Die wirfst du am besten alle weg."
"Cobertores de hotel? É melhor jogar tudo fora."
„Schmeißen Sie auch das Zelt weg, und hier spült niemand mehr Geschirr."
"Tirem a barraca também, e ninguém lava louça aqui."
„Sie glauben, Sie fahren in einem Pullman-Zug mit Bediensteten an Bord?"
"Você acha que está viajando em um trem Pullman com empregados a bordo?"
Der Prozess begann – jeder nutzlose Gegenstand wurde beiseite geworfen.
O processo começou: todos os itens inúteis foram jogados de lado.
Mercedes weinte, als ihre Taschen auf den schneebedeckten Boden geleert wurden.
Mercedes chorou quando suas malas foram esvaziadas no chão coberto de neve.
Sie schluchzte ohne Pause über jeden einzelnen hinausgeworfenen Gegenstand.
Ela soluçava por cada item jogado fora, um por um, sem parar.

Sie schwor, keinen Schritt weiterzugehen – nicht einmal für zehn Charleses.
Ela jurou não dar mais um passo — nem mesmo por dez Charleses.
Sie flehte alle Menschen in ihrer Nähe an, ihr ihre wertvollen Sachen zu überlassen.
Ela implorou a cada pessoa próxima que a deixasse ficar com suas coisas preciosas.
Schließlich wischte sie sich die Augen und begann, auch die wichtigsten Kleidungsstücke wegzuwerfen.
Por fim, ela enxugou os olhos e começou a jogar fora até as roupas vitais.
Als sie mit ihrem eigenen fertig war, begann sie, die Vorräte der Männer auszuräumen.
Quando terminou de lavar as suas roupas, ela começou a esvaziar os suprimentos dos homens.
Wie ein Wirbelwind verwüstete sie die Habseligkeiten von Charles und Hal.
Como um redemoinho, ela destruiu os pertences de Charles e Hal.
Obwohl die Ladung halbiert wurde, war sie immer noch viel schwerer als nötig.
Embora a carga tenha sido reduzida pela metade, ela ainda era muito mais pesada do que o necessário.
In dieser Nacht gingen Charles und Hal los und kauften sechs neue Hunde.
Naquela noite, Charles e Hal saíram e compraram seis novos cães.
Diese neuen Hunde gesellten sich zu den ursprünglichen sechs, plus Teek und Koona.
Esses novos cães se juntaram aos seis originais, além de Teek e Koona.
Zusammen bildeten sie ein Gespann aus vierzehn Hunden, die vor den Schlitten gespannt wurden.
Juntos, eles formaram uma equipe de quatorze cães atrelados ao trenó.

Doch die neuen Hunde waren für die Schlittenarbeit ungeeignet und schlecht ausgebildet.
Mas os novos cães eram inadequados e mal treinados para o trabalho de trenó.
Drei der Hunde waren kurzhaarige Vorstehhunde und einer war ein Neufundländer.
Três dos cães eram pointers de pelo curto, e um era um Terra-Nova.
Bei den letzten beiden Hunden handelte es sich um Mischlinge ohne eindeutige Rasse oder Zweckbestimmung.
Os dois últimos cães eram vira-latas, sem raça ou propósito claro.
Sie haben den Weg nicht verstanden und ihn nicht schnell gelernt.
Eles não entendiam a trilha e não a aprenderam rapidamente.
Buck und seine Kameraden beobachteten sie mit Verachtung und tiefer Verärgerung.
Buck e seus companheiros os observavam com desprezo e profunda irritação.
Obwohl Buck ihnen beibrachte, was sie nicht tun sollten, konnte er ihnen keine Pflicht beibringen.
Embora Buck lhes tenha ensinado o que não fazer, ele não conseguiu ensinar o que é dever.
Sie kamen mit dem Leben auf dem Wanderpfad und dem Ziehen von Zügeln und Schlitten nicht gut zurecht.
Eles não se adaptaram bem à vida nas trilhas nem à tração de rédeas e trenós.
Nur die Mischlinge versuchten, sich anzupassen, und selbst ihnen fehlte der Kampfgeist.
Somente os vira-latas tentaram se adaptar, e mesmo eles não tinham espírito de luta.
Die anderen Hunde waren durch ihr neues Leben verwirrt, geschwächt und gebrochen.
Os outros cães estavam confusos, enfraquecidos e destruídos pela nova vida.
Da die neuen Hunde ahnungslos und die alten erschöpft waren, gab es kaum Hoffnung.

Com os novos cães sem noção e os antigos exaustos, a esperança era tênue.

Bucks Team hatte zweitausendfünfhundert Meilen eines rauen Pfades zurückgelegt.

A equipe de Buck percorreu mais de 4.000 quilômetros de trilhas acidentadas.

Dennoch waren die beiden Männer fröhlich und stolz auf ihr großes Hundegespann.

Ainda assim, os dois homens estavam alegres e orgulhosos de sua grande equipe de cães.

Sie dachten, sie würden mit Stil reisen, mit vierzehn Hunden an der Leine.

Eles achavam que estavam viajando com estilo, com quatorze cachorros atrelados.

Sie hatten gesehen, wie Schlitten nach Dawson aufbrachen und andere von dort ankamen.

Eles viram trenós partindo para Dawson e outros chegando de lá.

Aber noch nie hatten sie eins gesehen, das von bis zu vierzehn Hunden gezogen wurde.

Mas nunca tinham visto um puxado por mais de quatorze cães.

Es gab einen Grund, warum solche Teams in der arktischen Wildnis selten waren.

Havia uma razão pela qual essas equipes eram raras na natureza selvagem do Ártico.

Kein Schlitten konnte genug Futter transportieren, um vierzehn Hunde für die Reise zu versorgen.

Nenhum trenó conseguia transportar comida suficiente para alimentar quatorze cães durante a viagem.

Aber Charles und Hal wussten das nicht – sie hatten nachgerechnet.

Mas Charles e Hal não sabiam disso — eles tinham feito as contas.

Sie haben das Futter berechnet: so viel pro Hund, so viele Tage, fertig.

Eles planejaram a comida: uma quantidade por cão, para muitos dias, e pronto.
Mercedes betrachtete ihre Zahlen und nickte, als ob es Sinn machte.
Mercedes olhou para as figuras e assentiu como se fizesse sentido.
Zumindest auf dem Papier erschien ihr alles sehr einfach.
Tudo parecia muito simples para ela, pelo menos no papel.

Am nächsten Morgen führte Buck das Team langsam die verschneite Straße hinauf.
Na manhã seguinte, Buck liderou a equipe lentamente pela rua coberta de neve.
Weder er noch die Hunde hinter ihm hatten Energie oder Tatendrang.
Não havia energia nem ânimo nele nem nos cães atrás dele.
Sie waren von Anfang an todmüde, es waren keine Reserven mehr vorhanden.
Eles estavam mortos de cansaço desde o início: não havia mais nenhuma reserva.
Buck hatte bereits vier Fahrten zwischen Salt Water und Dawson unternommen.
Buck já havia feito quatro viagens entre Salt Water e Dawson.
Als er nun erneut vor derselben Spur stand, empfand er nichts als Bitterkeit.
Agora, diante da mesma trilha novamente, ele não sentia nada além de amargura.
Er war nicht mit dem Herzen dabei und die anderen Hunde auch nicht.
O coração dele não estava nisso, nem o dos outros cães.
Die neuen Hunde waren schüchtern und den Huskys fehlte jegliches Vertrauen.
Os novos cães eram tímidos, e os huskies não demonstravam nenhuma confiança.
Buck spürte, dass er sich auf diese beiden Männer oder ihre Schwester nicht verlassen konnte.

Buck sentiu que não podia confiar nesses dois homens ou na irmã deles.
Sie wussten nichts und zeigten auf dem Weg keine Anzeichen, etwas zu lernen.
Eles não sabiam de nada e não mostraram sinais de aprendizado na trilha.
Sie waren unorganisiert und es fehlte ihnen jeglicher Sinn für Disziplin.
Eles eram desorganizados e não tinham nenhum senso de disciplina.
Sie brauchten jedes Mal die halbe Nacht, um ein schlampiges Lager aufzubauen.
Eles levavam metade da noite para montar um acampamento desleixado em cada uma delas.
Und den halben nächsten Morgen verbrachten sie wieder damit, am Schlitten herumzufummeln.
E eles passaram metade da manhã seguinte mexendo no trenó novamente.
Gegen Mittag hielten sie oft nur an, um die ungleichmäßige Beladung zu korrigieren.
Ao meio-dia, eles geralmente paravam apenas para consertar a carga irregular.
An manchen Tagen legten sie insgesamt weniger als sechzehn Kilometer zurück.
Em alguns dias, eles viajaram menos de dezesseis quilômetros no total.
An anderen Tagen schafften sie es überhaupt nicht, das Lager zu verlassen.
Em outros dias, eles não conseguiam sair do acampamento.
Sie kamen nie auch nur annähernd an die geplante Nahrungsdistanz heran.
Eles nunca chegaram perto de cobrir a distância planejada para levar comida.
Wie erwartet ging das Futter für die Hunde sehr schnell aus.
Como esperado, eles ficaram sem comida para os cães muito rapidamente.

Sie haben die Sache noch schlimmer gemacht, indem sie in den ersten Tagen zu viel gefüttert haben.
Eles pioraram a situação ao superalimentar nos primeiros dias.
Mit jeder unvorsichtigen Ration rückte der Hungertod näher.
Isso fazia com que a fome se aproximasse a cada ração descuidada.
Die neuen Hunde hatten nicht gelernt, mit sehr wenig zu überleben.
Os novos cães não aprenderam a sobreviver com muito pouco.
Sie aßen hungrig, ihr Appetit war zu groß für den Weg.
Eles comeram com fome, com apetites grandes demais para a trilha.
Als Hal sah, wie die Hunde schwächer wurden, glaubte er, dass das Futter nicht ausreichte.
Vendo os cães enfraquecerem, Hal acreditou que a comida não era suficiente.
Er verdoppelte die Rationen und verschlimmerte damit den Fehler noch.
Ele dobrou as rações, piorando ainda mais o erro.
Mercedes verschärfte das Problem mit Tränen und leisem Flehen.
Mercedes agravou o problema com lágrimas e súplicas suaves.
Als sie Hal nicht überzeugen konnte, fütterte sie die Hunde heimlich.
Quando ela não conseguiu convencer Hal, ela alimentou os cães em segredo.
Sie stahl den Fisch aus den Säcken und gab ihn ihnen hinter seinem Rücken.
Ela roubou alguns sacos de peixe e deu para eles pelas costas dele.
Doch was die Hunde wirklich brauchten, war nicht mehr Futter, sondern Ruhe.
Mas o que os cães realmente precisavam não era de mais comida, era de descanso.
Sie kamen nur langsam voran, aber der schwere Schlitten schleppte sich trotzdem weiter.

Eles estavam avançando muito rápido, mas o pesado trenó ainda se arrastava.
Allein dieses Gewicht zehrte jeden Tag an ihrer verbleibenden Kraft.
Esse peso por si só drenava as forças que restavam a cada dia.
Dann kam es zur Phase der Unterernährung, da die Vorräte zur Neige gingen.
Depois veio a fase da subalimentação, pois os suprimentos estavam acabando.
Eines Morgens stellte Hal fest, dass die Hälfte des Hundefutters bereits weg war.
Hal percebeu uma manhã que metade da comida do cachorro já tinha acabado.
Sie hatten nur ein Viertel der gesamten Wegstrecke zurückgelegt.
Eles percorreram apenas um quarto da distância total da trilha.
Es konnten keine Lebensmittel mehr gekauft werden, egal zu welchem Preis.
Não era mais possível comprar comida, não importava o preço oferecido.
Er reduzierte die Portionen der Hunde unter die normale Tagesration.
Ele reduziu as porções dos cães abaixo da ração diária padrão.
Gleichzeitig forderte er längere Reisemöglichkeiten, um die Verluste auszugleichen.
Ao mesmo tempo, ele exigiu viagens mais longas para compensar a perda.
Mercedes und Charles unterstützten diesen Plan, scheiterten jedoch bei der Umsetzung.
Mercedes e Charles apoiaram o plano, mas falharam na execução.
Ihr schwerer Schlitten und ihre mangelnden Fähigkeiten machten ein Vorankommen nahezu unmöglich.
O trenó pesado e a falta de habilidade tornavam o progresso quase impossível.

Es war einfach, weniger Futter zu geben, aber unmöglich, mehr Anstrengung zu erzwingen.
Era fácil dar menos comida, mas impossível forçar mais esforço.
Sie konnten weder früher anfangen, noch konnten sie Überstunden machen.
Eles não podiam começar cedo, nem viajar por horas extras.
Sie wussten nicht, wie sie mit den Hunden und überhaupt mit sich selbst arbeiten sollten.
Eles não sabiam como lidar com os cães, nem com eles mesmos.
Der erste Hund, der starb, war Dub, der unglückliche, aber fleißige Dieb.
O primeiro cachorro a morrer foi Dub, o ladrão azarado, mas trabalhador.
Obwohl Dub oft bestraft wurde, leistete er ohne zu klagen seinen Beitrag.
Embora frequentemente punido, Dub fez sua parte sem reclamar.
Seine Schulterverletzung verschlimmerte sich ohne Pflege und nötige Ruhe.
Seu ombro machucado piorou sem cuidados ou necessidade de descanso.
Schließlich beendete Hal mit dem Revolver Dubs Leiden.
Por fim, Hal usou o revólver para acabar com o sofrimento de Dub.
Ein gängiges Sprichwort besagt, dass normale Hunde an der Husky-Ration sterben.
Um ditado comum afirma que cães normais morrem com rações de huskies.
Bucks sechs neue Gefährten bekamen nur die Hälfte des Futteranteils des Huskys.
Os seis novos companheiros de Buck tinham apenas metade da comida do husky.
Zuerst starb der Neufundländer, dann die drei kurzhaarigen Vorstehhunde.

O Terra Nova morreu primeiro, depois os três pointers de pelo curto.
Die beiden Mischlinge hielten länger durch, kamen aber schließlich wie die anderen um.
Os dois vira-latas resistiram mais, mas finalmente pereceram como os demais.
Zu diesem Zeitpunkt waren alle Annehmlichkeiten und die Sanftheit des Südens verschwunden.
Nessa época, todas as comodidades e gentilezas do Southland já tinham desaparecido.
Die drei Menschen hatten die letzten Spuren ihrer zivilisierten Erziehung abgelegt.
As três pessoas haviam se livrado dos últimos vestígios de sua educação civilizada.
Ohne Glamour und Romantik wurde das Reisen in die Arktis zur brutalen Realität.
Desprovida de glamour e romance, a viagem ao Ártico se tornou brutalmente real.
Es war eine Realität, die zu hart für ihr Männlichkeits- und Weiblichkeitsgefühl war.
Era uma realidade dura demais para seu senso de masculinidade e feminilidade.
Mercedes weinte nicht mehr um die Hunde, sondern nur noch um sich selbst.
Mercedes não chorava mais pelos cachorros, mas agora chorava apenas por si mesma.
Sie verbrachte ihre Zeit damit, zu weinen und mit Hal und Charles zu streiten.
Ela passou o tempo chorando e brigando com Hal e Charles.
Streiten war das Einzige, wozu sie nie zu müde waren.
Brigar era a única coisa que eles nunca estavam cansados de fazer.
Ihre Gereiztheit rührte vom Elend her, wuchs mit ihm und übertraf es.
A irritabilidade deles vinha da miséria, crescia com ela e a superava.

Die Geduld des Weges, die diejenigen kennen, die sich abmühen und freundlich leiden, kam nie.
A paciência da trilha, conhecida por aqueles que trabalham e sofrem gentilmente, nunca chegou.
Diese Geduld, die die Sprache trotz Schmerzen süß hält, war ihnen unbekannt.
Aquela paciência, que mantém a fala doce em meio à dor, era desconhecida para eles.
Sie besaßen nicht die geringste Spur von Geduld und schöpften keine Kraft aus dem anmutigen Leiden.
Eles não tinham nenhum pingo de paciência, nenhuma força extraída do sofrimento com graça.
Sie waren steif vor Schmerz – ihre Muskeln, Knochen und ihr Herz schmerzten.
Eles estavam rígidos de dor — dores nos músculos, ossos e corações.
Aus diesem Grund bekamen sie eine scharfe Zunge und waren schnell im Umgang mit harten Worten.
Por isso, eles se tornaram afiados na língua e rápidos nas palavras duras.
Jeder Tag begann und endete mit wütenden Stimmen und bitteren Klagen.
Cada dia começava e terminava com vozes raivosas e reclamações amargas.
Charles und Hal stritten sich, wann immer Mercedes ihnen eine Chance gab.
Charles e Hal brigavam sempre que Mercedes lhes dava uma chance.
Jeder Mann glaubte, dass er mehr als seinen gerechten Anteil an der Arbeit geleistet hatte.
Cada homem acreditava que fazia mais do que sua parte do trabalho.
Keiner von beiden ließ es sich je entgehen, dies immer wieder zu sagen.
Nenhum dos dois perdeu a oportunidade de dizer isso, repetidas vezes.

Manchmal stand Mercedes auf der Seite von Charles, manchmal auf der Seite von Hal.
Às vezes Mercedes ficava do lado de Charles, às vezes do lado de Hal.
Dies führte zu einem großen und endlosen Streit zwischen den dreien.
Isso levou a uma grande e interminável discussão entre os três.
Ein Streit darüber, wer Brennholz hacken sollte, geriet außer Kontrolle.
Uma disputa sobre quem deveria cortar lenha saiu do controle.
Bald wurden Väter, Mütter, Cousins und verstorbene Verwandte genannt.
Logo, pais, mães, primos e parentes mortos foram nomeados.
Hal's Ansichten über Kunst oder die Theaterstücke seines Onkels wurden Teil des Kampfes.
As opiniões de Hal sobre arte ou as peças de seu tio se tornaram parte da briga.
Auch Charles' politische Überzeugungen wurden in die Debatte einbezogen.
As convicções políticas de Charles também entraram no debate.
Für Mercedes schienen sogar die Gerüchte über die Schwester ihres Mannes relevant zu sein.
Para Mercedes, até as fofocas da irmã do marido pareciam relevantes.
Sie äußerte ihre Meinung dazu und zu vielen Fehlern in Charles' Familie.
Ela expressou opiniões sobre isso e sobre muitas das falhas da família de Charles.
Während sie stritten, blieb das Feuer aus und das Lager war halb fertig.
Enquanto eles discutiam, o fogo permaneceu apagado e o acampamento estava meio armado.
In der Zwischenzeit waren die Hunde unterkühlt und hatten nichts zu fressen.

Enquanto isso, os cães continuaram com frio e sem comida.
Mercedes hegte einen Groll, den sie als zutiefst persönlich betrachtete.
Mercedes tinha uma queixa que considerava profundamente pessoal.
Sie fühlte sich als Frau misshandelt und fühlte sich ihrer Privilegien beraubt.
Ela se sentiu maltratada como mulher e teve seus privilégios de gentil negados.
Sie war hübsch und sanft und pflegte ihr ganzes Leben lang ritterliche Gesten.
Ela era bonita e gentil, e acostumada ao cavalheirismo durante toda a vida.
Doch ihr Mann und ihr Bruder begegneten ihr nun mit Ungeduld.
Mas seu marido e seu irmão agora a tratavam com impaciência.
Sie hatte die Angewohnheit, sich hilflos zu verhalten, und sie begannen, sich zu beschweren.
O hábito dela era agir de forma desamparada, e eles começaram a reclamar.
Sie war davon beleidigt und machte ihnen das Leben noch schwerer.
Ofendida com isso, ela tornou a vida deles ainda mais difícil.
Sie ignorierte die Hunde und bestand darauf, den Schlitten selbst zu fahren.
Ela ignorou os cães e insistiu em andar de trenó sozinha.
Obwohl sie von leichter Gestalt war, wog sie fünfundvierzig Kilo.
Embora de aparência leve, ela pesava 60 quilos.
Diese zusätzliche Belastung war zu viel für die hungernden, schwachen Hunde.
Esse fardo adicional era demais para os cães famintos e fracos.
Trotzdem ritt sie tagelang, bis die Hunde in den Zügeln zusammenbrachen.
Mesmo assim, ela cavalgou por dias, até que os cães desabaram nas rédeas.

Der Schlitten stand still und Charles und Hal baten sie, zu laufen.
O trenó parou, e Charles e Hal imploraram para que ela andasse.
Sie flehten und flehten, aber sie weinte und nannte sie grausam.
Eles imploraram e suplicaram, mas ela chorou e os chamou de cruéis.
Einmal zogen sie sie mit purer Kraft und Wut vom Schlitten.
Em uma ocasião, eles a puxaram para fora do trenó com muita força e raiva.
Nach dem, was damals passiert ist, haben sie es nie wieder versucht.
Eles nunca mais tentaram depois do que aconteceu daquela vez.
Sie wurde schlaff wie ein verwöhntes Kind und setzte sich in den Schnee.
Ela ficou mole como uma criança mimada e sentou-se na neve.
Sie gingen weiter, aber sie weigerte sich aufzustehen oder ihnen zu folgen.
Eles seguiram em frente, mas ela se recusou a se levantar ou segui-los.
Nach drei Meilen hielten sie an, kehrten um und trugen sie zurück.
Depois de três milhas, eles pararam, retornaram e a carregaram de volta.
Sie luden sie wieder auf den Schlitten, wobei sie erneut rohe Gewalt anwandten.
Eles a recarregaram no trenó, novamente usando força bruta.
In ihrem tiefen Elend zeigten sie gegenüber dem Leid der Hunde keine Skrupel.
Em sua profunda miséria, eles eram insensíveis ao sofrimento dos cães.
Hal glaubte, man müsse sich abhärten und zwang anderen diesen Glauben auf.
Hal acreditava que era preciso endurecer as pessoas e forçava essa crença aos outros.

Er versuchte zunächst, seiner Schwester seine Philosophie zu predigen
Ele primeiro tentou pregar sua filosofia para sua irmã
und dann predigte er erfolglos seinem Schwager.
e então, sem sucesso, ele pregou para seu cunhado.
Bei den Hunden hatte er mehr Erfolg, aber nur, weil er ihnen weh tat.
Ele teve mais sucesso com os cães, mas apenas porque os machucou.
Bei Five Fingers ist das Hundefutter komplett ausgegangen.
No Five Fingers, a comida do cachorro acabou completamente.
Eine zahnlose alte Squaw verkaufte ein paar Pfund gefrorenes Pferdeleder
Uma velha índia desdentada vendeu alguns quilos de couro de cavalo congelado
Hal tauschte seinen Revolver gegen das getrocknete Pferdefell.
Hal trocou seu revólver pelo couro de cavalo seco.
Das Fleisch stammte von den Pferden der Viehzüchter, die Monate zuvor verhungert waren.
A carne vinha de cavalos famintos de pecuaristas meses antes.
Gefroren war die Haut wie verzinktes Eisen: zäh und ungenießbar.
Congelada, a pele era como ferro galvanizado: dura e intragável.
Die Hunde mussten endlos auf dem Fell herumkauen, um es zu fressen.
Os cães tinham que mastigar sem parar o couro para comê-lo.
Doch die ledrigen Fäden und das kurze Haar waren kaum Nahrung.
Mas as cordas coriáceas e os pelos curtos dificilmente serviam de alimento.
Das Fell war größtenteils irritierend und kein echtes Nahrungsmittel.
A maior parte da pele era irritante e não era comida no sentido verdadeiro.

Und während all dem taumelte Buck vorne herum, wie in einem Albtraum.
E durante todo esse tempo, Buck cambaleou na frente, como em um pesadelo.
Er zog, wenn er dazu in der Lage war; wenn nicht, blieb er liegen, bis er mit einer Peitsche oder einem Knüppel hochgehoben wurde.
Ele puxava quando podia; quando não, ficava deitado até que o chicote ou o porrete o levantassem.
Sein feines, glänzendes Fell hatte jegliche Steifheit und jeglichen Glanz verloren, den es einst hatte.
Sua pelagem fina e brilhante havia perdido toda a rigidez e o brilho que outrora possuía.
Sein Haar hing schlaff herunter, war zerzaust und mit getrocknetem Blut von den Schlägen verklebt.
Seus cabelos estavam caídos, desgrenhados e cobertos de sangue seco dos golpes.
Seine Muskeln schrumpften zu Sehnen und seine Fleischpolster waren völlig abgenutzt.
Seus músculos encolheram até virarem cordas, e suas almofadas de carne estavam todas desgastadas.
Jede Rippe, jeder Knochen war deutlich durch die Falten der runzligen Haut zu sehen.
Cada costela, cada osso aparecia claramente através de dobras de pele enrugada.
Es war herzzerreißend, doch Bucks Herz konnte nicht brechen.
Foi de partir o coração, mas o coração de Buck não pôde se partir.
Der Mann im roten Pullover hatte das getestet und vor langer Zeit bewiesen.
O homem do suéter vermelho já havia testado e provado isso há muito tempo.
So wie es bei Buck war, war es auch bei allen seinen übrigen Teamkollegen.
Assim como aconteceu com Buck, aconteceu com todos os seus companheiros de equipe restantes.

Insgesamt waren es sieben, jeder einzelne ein wandelndes Skelett des Elends.
Eram sete no total, cada um deles um esqueleto ambulante de miséria.
Sie waren gegenüber den Peitschenhieben taub geworden und spürten nur noch entfernten Schmerz.
Eles ficaram insensíveis ao chicote, sentindo apenas uma dor distante.
Sogar Bild und Ton erreichten sie nur schwach, wie durch dichten Nebel.
Até mesmo a visão e o som chegavam até eles fracamente, como se estivessem através de uma névoa espessa.
Sie waren nicht halb lebendig – es waren Knochen mit schwachen Funken darin.
Eles não estavam meio vivos — eram ossos com faíscas fracas dentro.
Als sie angehalten wurden, brachen sie wie Leichen zusammen, ihre Funken waren fast erloschen.
Quando parados, eles desmoronavam como cadáveres, com suas faíscas quase apagadas.
Und als die Peitsche oder der Knüppel erneut zuschlug, sprühten schwache Funken.
E quando o chicote ou o porrete batiam novamente, as faíscas tremulavam fracamente.
Dann erhoben sie sich, taumelten vorwärts und schleiften ihre Gliedmaßen vor sich her.
Então eles se levantaram, cambalearam para a frente e arrastaram seus membros para a frente.
Eines Tages stürzte der nette Billee und konnte überhaupt nicht mehr aufstehen.
Um dia, o gentil Billee caiu e não conseguiu mais se levantar.
Hal hatte seinen Revolver eingetauscht und benutzte stattdessen eine Axt, um Billee zu töten.
Hal havia trocado seu revólver, então ele usou um machado para matar Billee.
Er schlug ihm auf den Kopf, schnitt dann seinen Körper los und schleifte ihn weg.

Ele o atingiu na cabeça, então libertou seu corpo e o arrastou para longe.

Buck sah dies und die anderen auch; sie wussten, dass der Tod nahe war.

Buck viu isso, e os outros também; eles sabiam que a morte estava próxima.

Am nächsten Tag ging Koona und ließ nur fünf Hunde im hungernden Team zurück.

No dia seguinte, Koona foi embora, deixando apenas cinco cães no grupo faminto.

Joe war nicht länger gemein, sondern zu weit weg, um überhaupt noch viel mitzubekommen.

Joe não era mais mau, estava muito malvado para ter consciência de qualquer coisa.

Pike täuschte seine Verletzung nicht länger vor und war kaum bei Bewusstsein.

Pike, sem fingir mais o ferimento, estava quase inconsciente.

Solleks, der immer noch treu war, beklagte, dass er nicht mehr die Kraft hatte, etwas zu geben.

Solleks, ainda fiel, lamentou não ter forças para dar.

Teek wurde am häufigsten geschlagen, weil er frischer war, aber schnell nachließ.

Teek foi o mais derrotado porque estava mais descansado, mas estava perdendo força rapidamente.

Und Buck, der immer noch in Führung lag, sorgte nicht länger für Ordnung und setzte sie auch nicht durch.

E Buck, ainda na liderança, não mais mantinha a ordem nem a aplicava.

Halb blind vor Schwäche folgte Buck der Spur nur nach Gefühl.

Meio cego de fraqueza, Buck seguiu a trilha apenas pelo tato.

Es war schönes Frühlingswetter, aber keiner von ihnen bemerkte es.

O clima era lindo de primavera, mas nenhum deles percebeu.

Jeden Tag ging die Sonne früher auf und später unter als zuvor.

A cada dia o sol nascia mais cedo e se punha mais tarde do que antes.

Um drei Uhr morgens dämmerte es, die Dämmerung dauerte bis neun Uhr.

Às três da manhã, o amanhecer chegou; o crepúsculo durou até as nove.

Die langen Tage waren erfüllt von der vollen Strahlkraft des Frühlingssonnenscheins.

Os longos dias eram preenchidos com o brilho intenso do sol da primavera.

Die gespenstische Stille des Winters hatte sich in ein warmes Murmeln verwandelt.

O silêncio fantasmagórico do inverno havia se transformado em um murmúrio quente.

Das ganze Land erwachte und war erfüllt von der Freude am Leben.

Toda a terra estava desperta, viva com a alegria dos seres vivos.

Das Geräusch kam von etwas, das den Winter über tot und reglos dagelegen hatte.

O som vinha daquilo que havia permanecido morto e imóvel durante o inverno.

Jetzt bewegten sich diese Dinger wieder und schüttelten den langen Frostschlaf ab.

Agora, essas coisas se moviam novamente, sacudindo o longo sono congelado.

Saft stieg durch die dunklen Stämme der wartenden Kiefern.

A seiva subia pelos troncos escuros dos pinheiros que esperavam.

An jedem Zweig von Weiden und Espen treiben leuchtende junge Knospen aus.

Salgueiros e álamos produzem brotos jovens e brilhantes em cada galho.

Sträucher und Weinreben erstrahlten in frischem Grün, als der Wald zum Leben erwachte.

Arbustos e trepadeiras ganharam um verde fresco enquanto a floresta ganhava vida.
Nachts zirpten Grillen und in der Sonne krabbelten Käfer.
Os grilos cantavam à noite e os insetos rastejavam sob o sol do dia.
Rebhühner dröhnten und Spechte klopften tief in den Bäumen.
As perdizes rugiam e os pica-paus batiam fundo nas árvores.
Eichhörnchen schnatterten, Vögel sangen und Gänse schnatterten über den Hunden.
Os esquilos tagarelavam, os pássaros cantavam e os gansos grasnavam para os cães.
Das Wildgeflügel kam in scharfen Keilen und flog aus dem Süden heran.
As aves selvagens vinham em bandos afiados, voando do sul.
Von jedem Hügel ertönte die Musik verborgener, rauschender Bäche.
De cada encosta vinha a música de riachos escondidos e caudalosos.
Alles taute auf, brach, bog sich und geriet wieder in Bewegung.
Todas as coisas descongelaram e estalaram, dobraram-se e voltaram a se mover.
Der Yukon bemühte sich, die Kälteketten des gefrorenen Eises zu durchbrechen.
O Yukon se esforçou para quebrar as correntes frias de gelo congelado.
Das Eis schmolz von unten, während die Sonne es von oben zum Schmelzen brachte.
O gelo derreteu por baixo, enquanto o sol o derreteu por cima.
Luftlöcher öffneten sich, Risse breiteten sich aus und Brocken fielen in den Fluss.
Buracos de ar se abriram, rachaduras se espalharam e pedaços caíram no rio.
Inmitten dieses pulsierenden und lodernden Lebens taumelten die Reisenden.

Em meio a toda essa vida explosiva e flamejante, os viajantes cambaleavam.

Zwei Männer, eine Frau und ein Rudel Huskys liefen wie die Toten.

Dois homens, uma mulher e uma matilha de huskies caminhavam como mortos.

Die Hunde fielen, Mercedes weinte, fuhr aber immer noch Schlitten.

Os cães estavam caindo, Mercedes chorava, mas ainda andava no trenó.

Hal fluchte schwach und Charles blinzelte mit tränenden Augen.

Hal praguejou fracamente, e Charles piscou com os olhos lacrimejantes.

Sie stolperten in John Thorntons Lager an der Mündung des White River.

Eles tropeçaram no acampamento de John Thornton, na foz do Rio Branco.

Als sie anhielten, fielen die Hunde flach um, als wären sie alle tot.

Quando pararam, os cães caíram no chão, como se estivessem todos mortos.

Mercedes wischte sich die Tränen ab und sah zu John Thornton hinüber.

Mercedes enxugou as lágrimas e olhou para John Thornton.

Charles saß langsam und steif auf einem Baumstamm, mit Schmerzen vom Weg.

Charles sentou-se em um tronco, lenta e rigidamente, dolorido por causa da trilha.

Hal redete, während Thornton das Ende eines Axtstiels schnitzte.

Hal falou enquanto Thornton esculpia a ponta de um cabo de machado.

Er schnitzte Birkenholz und antwortete mit kurzen, bestimmten Antworten.

Ele talhou madeira de bétula e respondeu com respostas breves e firmes.

Wenn man ihn fragte, gab er Ratschläge, war sich jedoch sicher, dass diese nicht befolgt würden.

Quando questionado, ele deu conselhos, certo de que não seriam seguidos.

Hal erklärte: „Sie sagten uns, dass das Eis auf dem Weg schmelzen würde."

Hal explicou: "Eles nos disseram que o gelo da trilha estava derretendo."

„Sie sagten, wir sollten bleiben, wo wir waren – aber wir haben es bis nach White River geschafft."

"Disseram que deveríamos ficar parados, mas chegamos a White River."

Er schloss mit höhnischem Ton, als wolle er einen Sieg in der Not für sich beanspruchen.

Ele terminou com um tom de escárnio, como se quisesse reivindicar vitória em meio às dificuldades.

„Und sie haben dir die Wahrheit gesagt", antwortete John Thornton Hal ruhig.

"E eles lhe disseram a verdade", John Thornton respondeu calmamente a Hal.

„Das Eis kann jeden Moment nachgeben – es ist kurz davor, abzufallen."

"O gelo pode ceder a qualquer momento. Ele está pronto para cair."

„Nur durch blindes Glück und ein paar Narren wäre es möglich gewesen, lebend so weit zu kommen."

"Só a sorte cega e os tolos poderiam ter chegado tão longe com vida."

„Ich sage es Ihnen ganz offen: Ich würde mein Leben nicht für alles Gold Alaskas riskieren."

"Vou lhe dizer francamente: eu não arriscaria minha vida por todo o ouro do Alasca."

„Das liegt wohl daran, dass Sie kein Narr sind", antwortete Hal.

"É porque você não é tolo, eu acho", respondeu Hal.

„Trotzdem fahren wir weiter nach Dawson." Er rollte seine Peitsche ab.

"Mesmo assim, iremos para Dawson." Ele desenrolou seu chicote.

„Komm rauf, Buck! Hallo! Steh auf! Los!", rief er barsch.
"Sobe aí, Buck! Oi! Levanta! Vai!", gritou ele asperamente.

Thornton schnitzte weiter, wohl wissend, dass Narren nicht auf Vernunft hören.
Thornton continuou a talhar, sabendo que os tolos não ouviriam a razão.

Einen Narren aufzuhalten war sinnlos – und zwei oder drei Narren änderten nichts.
Parar um tolo era inútil — e dois ou três tolos não mudavam nada.

Doch als das Team Hal's Befehl hörte, bewegte es sich nicht.
Mas a equipe não se moveu ao som do comando de Hal.

Jetzt konnten sie nur noch durch Schläge wieder auf die Beine kommen und weiterkommen.
A essa altura, somente golpes conseguiam fazê-los se levantar e avançar.

Immer wieder knallte die Peitsche über die geschwächten Hunde.
O chicote estalava repetidamente nos cães enfraquecidos.

John Thornton presste die Lippen fest zusammen und sah schweigend zu.
John Thornton apertou os lábios e observou em silêncio.

Solleks war der Erste, der unter der Peitsche auf die Beine kam.
Solleks foi o primeiro a se levantar sob o chicote.

Dann folgte Teek zitternd. Joe schrie auf, als er stolperte.
Então Teek o seguiu, tremendo. Joe gritou ao se levantar cambaleando.

Pike versuchte aufzustehen, scheiterte zweimal und stand schließlich unsicher da.
Pike tentou se levantar, falhou duas vezes e então finalmente conseguiu ficar de pé, cambaleando.

Aber Buck blieb liegen, wo er hingefallen war, und bewegte sich dieses Mal überhaupt nicht.

Mas Buck permaneceu onde havia caído, sem se mexer durante todo esse tempo.
Die Peitsche schlug immer wieder auf ihn ein, aber er gab keinen Laut von sich.
O chicote o golpeava repetidamente, mas ele não emitia nenhum som.
Er zuckte nicht zusammen und wehrte sich nicht, sondern blieb einfach still und ruhig.
Ele não vacilou nem resistiu, simplesmente permaneceu parado e quieto.
Thornton rührte sich mehr als einmal, als wolle er etwas sagen, tat es aber nicht.
Thornton se mexeu mais de uma vez, como se fosse falar, mas não o fez.
Seine Augen wurden feucht und immer noch knallte die Peitsche gegen Buck.
Seus olhos ficaram marejados, e o chicote continuou a estalar contra Buck.
Schließlich begann Thornton langsam auf und ab zu gehen, unsicher, was er tun sollte.
Por fim, Thornton começou a andar lentamente, sem saber o que fazer.
Es war das erste Mal, dass Buck versagt hatte, und Hal wurde wütend.
Foi a primeira vez que Buck falhou, e Hal ficou furioso.
Er warf die Peitsche weg und nahm stattdessen die schwere Keule.
Ele jogou o chicote no chão e pegou o pesado porrete.
Der Holzknüppel schlug hart auf, aber Buck stand immer noch nicht auf, um sich zu bewegen.
O porrete de madeira caiu com força, mas Buck ainda não se levantou para se mover.
Wie seine Teamkollegen war er zu schwach – aber mehr als das.
Assim como seus companheiros de equipe, ele era muito fraco — mas era mais do que isso.

Buck hatte beschlossen, sich nicht zu bewegen, egal was als Nächstes passieren würde.
Buck decidiu não se mover, não importa o que acontecesse em seguida.
Er spürte, wie etwas Dunkles und Bestimmtes direkt vor ihm schwebte.
Ele sentiu algo escuro e certo pairando à sua frente.
Diese Angst hatte ihn ergriffen, sobald er das Flussufer erreicht hatte.
Esse medo tomou conta dele assim que chegou à margem do rio.
Dieses Gefühl hatte ihn nicht verlassen, seit er das Eis unter seinen Pfoten dünner werden fühlte.
A sensação não o abandonou desde que ele sentiu o gelo ficar fino sob suas patas.
Etwas Schreckliches wartete – er spürte es gleich weiter unten auf dem Weg.
Algo terrível estava esperando — ele sentiu isso logo abaixo na trilha.
Er würde nicht auf das Schreckliche vor ihm zugehen
Ele não iria caminhar em direção àquela coisa terrível à sua frente
Er würde keinem Befehl gehorchen, der ihn zu diesem Ding führte.
Ele não iria obedecer a nenhuma ordem que o levasse àquela coisa.
Der Schmerz der Schläge war für ihn kaum noch spürbar, er war zu weit weg.
A dor dos golpes mal o tocava agora — ele estava muito mal.
Der Funke des Lebens flackerte schwach und erlosch unter jedem grausamen Schlag.
A centelha da vida brilhava fracamente, apagando-se sob cada golpe cruel.
Seine Glieder fühlten sich fremd an, sein ganzer Körper schien einem anderen zu gehören.
Seus membros pareciam distantes; todo o seu corpo parecia pertencer a outro.

Er spürte eine seltsame Taubheit, als der Schmerz vollständig nachließ.
Ele sentiu uma dormência estranha enquanto a dor desaparecia completamente.
Aus der Ferne spürte er, dass er geschlagen wurde, aber er wusste es kaum.
De longe, ele sentiu que estava sendo espancado, mas mal sabia.
Er konnte die Schläge schwach hören, aber sie taten nicht mehr wirklich weh.
Ele conseguia ouvir as pancadas fracamente, mas elas não doíam mais de verdade.
Die Schläge trafen, aber sein Körper schien nicht mehr sein eigener zu sein.
Os golpes acertaram, mas seu corpo não parecia mais o seu.
Dann stieß John Thornton plötzlich und ohne Vorwarnung einen wilden Schrei aus.
Então, de repente, sem aviso, John Thornton deu um grito selvagem.
Es war unartikuliert, eher der Schrei eines Tieres als eines Menschen.
Era inarticulado, mais o grito de uma fera do que de um homem.
Er sprang mit der Keule auf den Mann zu und stieß Hal nach hinten.
Ele saltou em direção ao homem com o porrete e derrubou Hal para trás.
Hal flog, als wäre er von einem Baum getroffen worden, und landete hart auf dem Boden.
Hal voou como se tivesse sido atingido por uma árvore, aterrissando com força no chão.
Mercedes schrie laut vor Panik und umklammerte ihr Gesicht.
Mercedes gritou alto em pânico e agarrou o rosto.
Charles sah nur zu, wischte sich die Augen und blieb sitzen.
Charles apenas observou, enxugou os olhos e permaneceu sentado.

Sein Körper war vor Schmerzen zu steif, um aufzustehen oder beim Kampf mitzuhelfen.
Seu corpo estava rígido demais de dor para se levantar ou ajudar na luta.
Thornton stand über Buck, zitterte vor Wut und konnte nicht sprechen.
Thornton ficou de pé sobre Buck, tremendo de fúria, incapaz de falar.
Er zitterte vor Wut und kämpfte darum, trotz allem seine Stimme wiederzufinden.
Ele tremia de raiva e lutava para encontrar sua voz em meio a isso.
„Wenn du den Hund noch einmal schlägst, bringe ich dich um", sagte er schließlich.
"Se você bater naquele cachorro de novo, eu vou te matar", ele disse finalmente.
Hal wischte sich das Blut aus dem Mund und kam wieder nach vorne.
Hal limpou o sangue da boca e voltou para frente.
„Es ist mein Hund", murmelte er. „Geh mir aus dem Weg, sonst kriege ich dich wieder in Ordnung."
"É o meu cachorro", murmurou ele. "Sai da frente, senão eu te acerto."
„Ich gehe nach Dawson und Sie halten mich nicht auf", fügte er hinzu.
"Vou para Dawson, e você não vai me impedir", acrescentou.
Thornton stand fest zwischen Buck und dem wütenden jungen Mann.
Thornton permaneceu firme entre Buck e o jovem furioso.
Er hatte nicht die Absicht, zur Seite zu treten oder Hal vorbeizulassen.
Ele não tinha intenção de se afastar ou deixar Hal passar.
Hal zog sein Jagdmesser heraus, das lang und gefährlich in der Hand lag.
Hal sacou sua faca de caça, longa e perigosa na mão.
Mercedes schrie, dann weinte sie und lachte dann in wilder Hysterie.

Mercedes gritou, depois chorou e depois riu histericamente.
Thornton schlug mit dem Axtstiel hart und schnell auf Hals Hand.
Thornton atingiu a mão de Hal com o cabo do machado, forte e rápido.
Das Messer wurde aus Hals Griff gerissen und flog zu Boden.
A faca se soltou das mãos de Hal e voou para o chão.
Hal versuchte, das Messer aufzuheben, und Thornton klopfte erneut auf seine Fingerknöchel.
Hal tentou pegar a faca, e Thornton bateu nos nós dos dedos novamente.
Dann bückte sich Thornton, griff nach dem Messer und hielt es fest.
Então Thornton se abaixou, pegou a faca e a segurou.
Mit zwei schnellen Hieben des Axtstiels zerschnitt er Bucks Zügel.
Com dois golpes rápidos no cabo do machado, ele cortou as rédeas de Buck.
Hal hatte keine Kraft mehr, sich zu wehren, und trat von dem Hund zurück.
Hal não tinha mais forças para lutar e se afastou do cachorro.
Außerdem brauchte Mercedes jetzt beide Arme, um aufrecht zu bleiben.
Além disso, Mercedes precisava dos dois braços para se manter em pé.
Buck war dem Tod zu nahe, um noch einmal einen Schlitten ziehen zu können.
Buck estava muito perto da morte para poder puxar um trenó novamente.
Ein paar Minuten später legten sie ab und fuhren flussabwärts.
Poucos minutos depois, eles partiram e seguiram rio abaixo.
Buck hob schwach den Kopf und sah ihnen nach, wie sie die Bank verließen.
Buck levantou a cabeça fracamente e os observou saindo do banco.

Pike führte das Team an, mit Solleks am Ende des Feldes.
Pike liderou a equipe, com Solleks na retaguarda, no lugar do volante.
Joe und Teek gingen dazwischen, beide humpelten vor Erschöpfung.
Joe e Teek caminhavam entre eles, ambos mancando de exaustão.
Mercedes saß auf dem Schlitten und Hal hielt die lange Lenkstange fest.
Mercedes sentou-se no trenó e Hal agarrou o longo mastro.
Charles stolperte hinterher, seine Schritte waren unbeholfen und unsicher.
Charles cambaleou para trás, com passos desajeitados e incertos.
Thornton kniete neben Buck und tastete vorsichtig nach gebrochenen Knochen.
Thornton se ajoelhou ao lado de Buck e delicadamente apalpou os ossos quebrados.
Seine Hände waren rau, bewegten sich aber mit Freundlichkeit und Sorgfalt.
Suas mãos eram ásperas, mas se moviam com gentileza e cuidado.
Bucks Körper wies Blutergüsse auf, wies jedoch keine bleibenden Verletzungen auf.
O corpo de Buck estava machucado, mas não apresentava ferimentos permanentes.
Zurück blieben schrecklicher Hunger und nahezu völlige Schwäche.
O que restou foi uma fome terrível e fraqueza quase total.
Als dies klar wurde, war der Schlitten bereits weit flussabwärts gefahren.
Quando isso ficou claro, o trenó já havia ido longe rio abaixo.
Mann und Hund sahen zu, wie der Schlitten langsam über das knackende Eis kroch.
O homem e o cachorro observavam o trenó rastejando lentamente sobre o gelo rachado.
Dann sahen sie, wie der Schlitten in eine Mulde sank.

Então, eles viram o trenó afundar em uma depressão.
Die Gee-Stange flog in die Höhe, und Hal klammerte sich immer noch vergeblich daran fest.
O mastro voou para cima, com Hal ainda se agarrando a ele em vão.
Mercedes' Schrei erreichte sie über die kalte Ferne.
O grito de Mercedes os alcançou através da distância fria.
Charles drehte sich um und trat zurück – aber er war zu spät.
Charles se virou e deu um passo para trás, mas era tarde demais.
Eine ganze Eisdecke brach nach und sie alle fielen hindurch.
Uma camada inteira de gelo cedeu e todos eles caíram.
Hunde, Schlitten und Menschen verschwanden im schwarzen Wasser darunter.
Cães, trenós e pessoas desapareceram na água escura abaixo.
An der Stelle, an der sie vorbeigekommen waren, war nur ein breites Loch im Eis zurückgeblieben.
Apenas um grande buraco no gelo ficou por onde eles passaram.
Der Boden des Pfades war nach unten abgesunken – genau wie Thornton gewarnt hatte.
O fundo da trilha havia cedido, exatamente como Thornton havia avisado.
Thornton und Buck sahen sich einen Moment lang schweigend an.
Thornton e Buck se entreolharam e ficaram em silêncio por um momento.
„Du armer Teufel", sagte Thornton leise und Buck leckte ihm die Hand.
"Pobre coitado", disse Thornton suavemente, e Buck lambeu a mão.

Aus Liebe zu einem Mann
Pelo Amor de um Homem

John Thornton erfror in der Kälte des vergangenen Dezembers seine Füße.
John Thornton congelou os pés no frio do dezembro anterior.
Seine Partner machten es ihm bequem und ließen ihn allein genesen.
Seus parceiros o deixaram confortável e se recuperar sozinho.
Sie fuhren den Fluss hinauf, um ein Floß mit Sägestämmen für Dawson zu holen.
Eles subiram o rio para coletar uma jangada de toras de serra para Dawson.
Er humpelte noch leicht, als er Buck vor dem Tod rettete.
Ele ainda estava mancando um pouco quando resgatou Buck da morte.
Aber bei anhaltend warmem Wetter verschwand sogar dieses Hinken.
Mas com a continuação do tempo quente, até essa claudicação desapareceu.
Buck ruhte sich an langen Frühlingstagen am Flussufer aus.
Deitado na margem do rio durante longos dias de primavera, Buck descansava.
Er beobachtete das fließende Wasser und lauschte den Vögeln und Insekten.
Ele observou a água corrente e ouviu pássaros e insetos.
Langsam erlangte Buck unter Sonne und Himmel seine Kraft zurück.
Lentamente, Buck recuperou suas forças sob o sol e o céu.
Nach einer Reise von dreitausend Meilen war eine Pause ein wunderbares Gefühl.
Descansar foi maravilhoso depois de viajar 4.800 quilômetros.
Buck wurde träge, als seine Wunden heilten und sein Körper an Gewicht zunahm.
Buck ficou preguiçoso enquanto suas feridas cicatrizavam e seu corpo encorpava.

Seine Muskeln wurden fester und das Fleisch bedeckte wieder seine Knochen.
Seus músculos ficaram firmes e a carne voltou a cobrir seus ossos.
Sie ruhten sich alle aus – Buck, Thornton, Skeet und Nig.
Estavam todos descansando: Buck, Thornton, Skeet e Nig.
Sie warteten auf das Floß, das sie nach Dawson bringen sollte.
Eles esperaram a jangada que os levaria até Dawson.
Skeet war ein kleiner Irish Setter, der sich mit Buck anfreundete.
Skeet era um pequeno setter irlandês que fez amizade com Buck.
Buck war zu schwach und krank, um ihr bei ihrem ersten Treffen Widerstand zu leisten.
Buck estava fraco e doente demais para resistir a ela no primeiro encontro.
Skeet hatte die Heilereigenschaft, die manche Hunde von Natur aus besitzen.
Skeet tinha a característica de curandeira que alguns cães possuem naturalmente.
Wie eine Katzenmutter leckte und reinigte sie Bucks offene Wunden.
Como uma gata, ela lambeu e limpou as feridas abertas de Buck.
Jeden Morgen nach dem Frühstück wiederholte sie ihre sorgfältige Arbeit.
Todas as manhãs, após o café da manhã, ela repetia seu trabalho cuidadoso.
Buck erwartete ihre Hilfe ebenso sehr wie die von Thornton.
Buck passou a esperar a ajuda dela tanto quanto esperava a de Thornton.
Nig war auch freundlich, aber weniger offen und weniger liebevoll.
Nig também era amigável, mas menos aberto e menos afetuoso.

Nig war ein großer schwarzer Hund, halb Bluthund, halb Hirschhund.
Nig era um grande cão preto, parte sabujo e parte cão de caça.
Er hatte lachende Augen und eine unendlich gute Seele.
Ele tinha olhos risonhos e uma bondade infinita em seu espírito.
Zu Bucks Überraschung zeigte keiner der Hunde Eifersucht ihm gegenüber.
Para a surpresa de Buck, nenhum dos cães demonstrou ciúmes dele.
Sowohl Skeet als auch Nig erfuhren die Freundlichkeit von John Thornton.
Tanto Skeet quanto Nig compartilhavam a gentileza de John Thornton.
Als Buck stärker wurde, verleiteten sie ihn zu albernen Hundespielen.
À medida que Buck ficava mais forte, eles o atraíam para brincadeiras tolas de cachorro.
Auch Thornton spielte oft mit ihnen und konnte ihrer Freude nicht widerstehen.
Thornton também brincava com eles com frequência, pois não conseguia resistir à alegria deles.
Auf diese spielerische Weise gelang Buck der Übergang von der Krankheit in ein neues Leben.
Dessa forma lúdica, Buck passou da doença para uma nova vida.
Endlich hatte er Liebe gefunden – wahre, brennende und leidenschaftliche Liebe.
O amor — verdadeiro, ardente e apaixonado — era seu finalmente.
Auf Millers Anwesen hatte er diese Art von Liebe nie erlebt.
Ele nunca conheceu esse tipo de amor na propriedade de Miller.
Mit den Söhnen des Richters hatte er Arbeit und Abenteuer geteilt.
Com os filhos do Juiz, ele compartilhou trabalho e aventura.
Bei den Enkeln sah er steifen und prahlerischen Stolz.

Nos netos, ele viu um orgulho rígido e prepotente.
Mit Richter Miller selbst verband ihn eine respektvolle Freundschaft.
Com o próprio juiz Miller, ele tinha uma amizade respeitosa.
Doch mit Thornton kam eine Liebe, die Feuer, Wahnsinn und Anbetung war.
Mas o amor que era fogo, loucura e adoração veio com Thornton.
Dieser Mann hatte Bucks Leben gerettet, und das allein bedeutete sehr viel.
Este homem salvou a vida de Buck, e isso por si só significava muito.
Aber darüber hinaus war John Thornton der ideale Meistertyp.
Mas mais do que isso, John Thornton era o tipo ideal de mestre.
Andere Männer kümmerten sich aus Pflichtgefühl oder geschäftlicher Notwendigkeit um Hunde.
Outros homens cuidavam de cães por obrigação ou necessidade comercial.
John Thornton kümmerte sich um seine Hunde, als wären sie seine Kinder.
John Thornton cuidava de seus cães como se fossem seus filhos.
Er kümmerte sich um sie, weil er sie liebte und einfach nicht anders konnte.
Ele se importava com eles porque os amava e simplesmente não conseguia evitar.
John Thornton sah sogar weiter, als die meisten Menschen jemals sehen konnten.
John Thornton viu ainda mais longe do que a maioria dos homens conseguiu ver.
Er vergaß nie, sie freundlich zu grüßen oder ein aufmunterndes Wort zu sagen.
Ele nunca se esquecia de cumprimentá-los gentilmente ou de dizer uma palavra de incentivo.

Er liebte es, mit den Hunden zusammenzusitzen und lange zu reden, oder, wie er sagte, „gasy".
Ele adorava sentar-se com os cães para longas conversas, ou "gassy", como ele dizia.
Er packte Bucks Kopf gern grob zwischen seinen starken Händen.
Ele gostava de agarrar a cabeça de Buck com força entre suas mãos fortes.
Dann lehnte er seinen Kopf an Bucks und schüttelte ihn sanft.
Então ele encostou a cabeça na de Buck e o sacudiu gentilmente.
Die ganze Zeit über beschimpfte er Buck mit unhöflichen Namen, die für ihn Liebe bedeuteten.
Durante todo o tempo, ele chamava Buck de nomes rudes que significavam amor para Buck.
Buck bereiteten diese grobe Umarmung und diese Worte große Freude.
Para Buck, aquele abraço rude e aquelas palavras trouxeram profunda alegria.
Sein Herz schien bei jeder Bewegung vor Glück zu beben.
Seu coração parecia tremer de felicidade a cada movimento.
Als er anschließend aufsprang, sah sein Mund aus, als würde er lachen.
Quando ele se levantou depois, sua boca parecia estar rindo.
Seine Augen leuchteten hell und seine Kehle zitterte vor unausgesprochener Freude.
Seus olhos brilhavam intensamente e sua garganta tremia de alegria silenciosa.
Sein Lächeln blieb in diesem Zustand der Ergriffenheit und glühenden Zuneigung stehen.
Seu sorriso permaneceu imóvel naquele estado de emoção e afeição radiante.
Dann rief Thornton nachdenklich aus: „Gott! Er kann fast sprechen!"
Então Thornton exclamou pensativamente: "Meu Deus! Ele quase consegue falar!"

Buck hatte eine seltsame Art, Liebe auszudrücken, die beinahe Schmerzen verursachte.
Buck tinha uma maneira estranha de expressar amor que quase causava dor.

Er umklammerte Thorntons Hand oft sehr fest mit seinen Zähnen.
Ele frequentemente apertava a mão de Thornton com os dentes, com muita força.

Der Biss würde tiefe Spuren hinterlassen, die noch einige Zeit blieben.
A mordida deixaria marcas profundas que permaneceriam por algum tempo.

Buck glaubte, dass diese Eide Liebe waren, und Thornton wusste das auch.
Buck acreditava que aqueles juramentos eram de amor, e Thornton sabia o mesmo.

Meistens zeigte sich Bucks Liebe in stiller, fast stummer Verehrung.
Na maioria das vezes, o amor de Buck se manifestava em adoração silenciosa, quase silenciosa.

Obwohl er sich freute, wenn man ihn berührte oder ansprach, suchte er nicht nach Aufmerksamkeit.
Embora se sentisse emocionado quando tocado ou falado, ele não buscava atenção.

Skeet schob ihre Nase unter Thorntons Hand, bis er sie streichelte.
Skeet colocou o focinho sob a mão de Thornton até que ele a acariciou.

Nig kam leise herbei und legte seinen großen Kopf auf Thorntons Knie.
Nig caminhou silenciosamente e apoiou sua grande cabeça no joelho de Thornton.

Buck hingegen war zufrieden damit, aus respektvoller Distanz zu lieben.
Buck, por outro lado, estava satisfeito em amar a uma distância respeitosa.

Er lag stundenlang zu Thorntons Füßen, wachsam und aufmerksam beobachtend.
Ele ficou deitado por horas aos pés de Thornton, alerta e observando atentamente.
Buck studierte jedes Detail des Gesichts seines Herrn und jede kleinste Bewegung.
Buck estudou cada detalhe do rosto de seu mestre e cada menor movimento.
Oder er blieb weiter weg liegen und betrachtete schweigend die Gestalt des Mannes.
Ou deitado mais longe, estudando a figura do homem em silêncio.
Buck beobachtete jede kleine Bewegung, jede Veränderung seiner Haltung oder Geste.
Buck observava cada pequeno movimento, cada mudança de postura ou gesto.
Diese Verbindung war so stark, dass sie Thorntons Blick oft auf sich zog.
Essa conexão era tão poderosa que muitas vezes atraiu o olhar de Thornton.
Er begegnete Bucks Blick ohne Worte, Liebe schimmerte deutlich hindurch.
Ele encontrou os olhos de Buck sem dizer nada, o amor brilhando claramente.
Nach seiner Rettung ließ Buck Thornton lange Zeit nicht aus den Augen.
Por um longo tempo depois de ser salvo, Buck nunca deixou Thornton fora de vista.
Immer wenn Thornton das Zelt verließ, folgte Buck ihm dicht auf den Fersen.
Sempre que Thornton saía da tenda, Buck o seguia de perto para fora.
All die strengen Herren im Nordland hatten Buck Angst gemacht, zu vertrauen.
Todos os mestres severos das Terras do Norte fizeram com que Buck tivesse medo de confiar.

Er befürchtete, dass kein Mann länger als kurze Zeit sein Herr bleiben könnte.
Ele temia que nenhum homem pudesse permanecer como seu mestre por mais do que um curto período de tempo.

Er befürchtete, dass John Thornton wie Perrault und François verschwinden würde.
Ele temia que John Thornton desaparecesse como Perrault e François.

Sogar nachts quälte die Angst, ihn zu verlieren, Buck mit unruhigem Schlaf.
Mesmo à noite, o medo de perdê-lo assombrava o sono agitado de Buck.

Als Buck aufwachte, kroch er in die Kälte hinaus und ging zum Zelt.
Quando Buck acordou, ele saiu sorrateiramente para o frio e foi até a barraca.

Er lauschte aufmerksam auf das leise Geräusch des Atmens in seinem Inneren.
Ele ouviu atentamente o som suave da respiração lá dentro.

Trotz Bucks tiefer Liebe zu John Thornton blieb die Wildnis am Leben.
Apesar do profundo amor de Buck por John Thornton, a natureza permaneceu viva.

Dieser im Norden erwachte primitive Instinkt ist nicht verschwunden.
Esse instinto primitivo, despertado no Norte, não desapareceu.

Liebe brachte Hingabe, Treue und die warme Verbundenheit des Kaminfeuers.
O amor trouxe devoção, lealdade e o vínculo caloroso do lado do fogo.

Aber Buck behielt auch seine wilden Instinkte, scharf und stets wachsam.
Mas Buck também manteve seus instintos selvagens, aguçados e sempre alertas.

Er war nicht nur ein gezähmtes Haustier aus den sanften Ländern der Zivilisation.

Ele não era apenas um animal de estimação domesticado das terras macias da civilização.

Buck war ein wildes Wesen, das hereingekommen war, um an Thorntons Feuer zu sitzen.

Buck era um ser selvagem que veio sentar-se perto do fogo de Thornton.

Er sah aus wie ein Südlandhund, aber in ihm lebte Wildheit.

Ele parecia um cão da raça Southland, mas a selvageria vivia dentro dele.

Seine Liebe zu Thornton war zu groß, um zuzulassen, dass er den Mann bestohlen hätte.

Seu amor por Thornton era grande demais para permitir que ele o roubasse.

Aber in jedem anderen Lager würde er dreist und ohne Pause stehlen.

Mas em qualquer outro acampamento, ele roubaria com ousadia e sem hesitação.

Er war beim Stehlen so geschickt, dass ihn niemand erwischen oder beschuldigen konnte.

Ele era tão esperto em roubar que ninguém conseguia pegá-lo ou acusá-lo.

Sein Gesicht und sein Körper waren mit Narben aus vielen vergangenen Kämpfen übersät.

Seu rosto e corpo estavam cobertos de cicatrizes de muitas lutas passadas.

Buck kämpfte immer noch erbittert, aber jetzt kämpfte er mit mehr List.

Buck ainda lutava ferozmente, mas agora lutava com mais astúcia.

Skeet und Nig waren zu sanft, um zu kämpfen, und sie gehörten Thornton.

Skeet e Nig eram gentis demais para lutar, e eram de Thornton.

Aber jeder fremde Hund, egal wie stark oder mutig, wich zurück.

Mas qualquer cão estranho, não importa quão forte ou corajoso, cedia.

Ansonsten kämpfte der Hund gegen Buck und um sein Leben.
Caso contrário, o cão se veria lutando contra Buck, lutando por sua vida.
Buck kannte keine Gnade, wenn er sich entschied, gegen einen anderen Hund zu kämpfen.
Buck não teve misericórdia quando decidiu lutar contra outro cão.
Er hatte das Gesetz der Keule und des Reißzahns im Nordland gut gelernt.
Ele aprendeu bem a lei da clava e das presas nas Terras do Norte.
Er gab nie einen Vorteil auf und wich nie einer Schlacht aus.
Ele nunca abriu mão de uma vantagem e nunca recuou da batalha.
Er hatte Spitz und die wildesten Post- und Polizeihunde studiert.
Ele estudou Spitz e os cães mais ferozes de correio e polícia.
Er wusste genau, dass es im wilden Kampf keinen Mittelweg gab.
Ele sabia claramente que não havia meio-termo em combate selvagem.
Er musste herrschen oder beherrscht werden; Gnade zu zeigen, hieße, Schwäche zu zeigen.
Ele devia governar ou ser governado; mostrar misericórdia significava mostrar fraqueza.
In der rauen und brutalen Welt des Überlebens kannte man keine Gnade.
A misericórdia era desconhecida no mundo cru e brutal da sobrevivência.
Gnade zu zeigen wurde als Angst angesehen und Angst führte schnell zum Tod.
Mostrar misericórdia era visto como medo, e o medo levava rapidamente à morte.
Das alte Gesetz war einfach: töten oder getötet werden, essen oder gefressen werden.

A antiga lei era simples: matar ou ser morto, comer ou ser comido.
Dieses Gesetz stammte aus längst vergangenen Zeiten und Buck befolgte es vollständig.
Essa lei veio das profundezas do tempo, e Buck a seguiu integralmente.
Buck war älter als sein Alter und die Anzahl seiner Atemzüge.
Buck era mais velho do que sua idade e do que o número de vezes que respirava.
Er verband die ferne Vergangenheit klar mit der Gegenwart.
Ele conectou claramente o passado antigo com o momento presente.
Die tiefen Rhythmen der Zeitalter bewegten sich durch ihn wie die Gezeiten.
Os ritmos profundos das eras moviam-se através dele como as marés.
Die Zeit pulsierte in seinem Blut so sicher, wie die Jahreszeiten die Erde bewegen.
O tempo pulsava em seu sangue tão seguramente quanto as estações moviam a Terra.
Er saß mit starker Brust und weißen Reißzähnen an Thorntons Feuer.
Ele estava sentado perto do fogo de Thornton, com peito forte e presas brancas.
Sein langes Fell wehte, aber hinter ihm beobachteten ihn die Geister wilder Hunde.
Seu longo pelo balançava, mas atrás dele os espíritos de cães selvagens observavam.
Halbwölfe und Vollwölfe regten sich in seinem Herzen und seinen Sinnen.
Meio-lobos e lobos puros agitavam-se em seu coração e sentidos.
Sie probierten sein Fleisch und tranken dasselbe Wasser wie er.
Eles provaram sua carne e beberam a mesma água que ele.

Sie schnupperten neben ihm den Wind und lauschten dem Wald.
Eles cheiravam o vento ao lado dele e ouviam a floresta.
Sie flüsterten die Bedeutung der wilden Geräusche in der Dunkelheit.
Eles sussurravam os significados dos sons selvagens na escuridão.
Sie prägten seine Stimmungen und leiteten jede seiner stillen Reaktionen.
Elas moldavam seu humor e guiavam cada uma de suas reações silenciosas.
Sie lagen bei ihm, während er schlief, und wurden Teil seiner tiefen Träume.
Elas ficaram com ele enquanto ele dormia e se tornaram parte de seus sonhos profundos.
Sie träumten mit ihm, über ihn hinaus und bildeten seinen Geist.
Eles sonhavam com ele, além dele, e constituíam seu próprio espírito.
Die Geister der Wildnis riefen so stark, dass Buck sich hingezogen fühlte.
Os espíritos selvagens chamavam tão fortemente que Buck se sentiu atraído.
Mit jedem Tag wurden die Menschheit und ihre Ansprüche in Bucks Herzen schwächer.
A cada dia, a humanidade e suas reivindicações enfraqueciam o coração de Buck.
Tief im Wald würde ein seltsamer und aufregender Ruf erklingen.
Nas profundezas da floresta, um chamado estranho e emocionante iria surgir.
Jedes Mal, wenn er den Ruf hörte, verspürte Buck einen Drang, dem er nicht widerstehen konnte.
Toda vez que ouvia o chamado, Buck sentia uma vontade irresistível.
Er wollte sich vom Feuer und den ausgetretenen menschlichen Pfaden abwenden.

Ele iria se afastar do fogo e dos caminhos humanos trilhados.
Er wollte in den Wald eintauchen und weitergehen, ohne zu wissen, warum.
Ele ia mergulhar na floresta, avançando sem saber por quê.
Er hinterfragte diese Anziehungskraft nicht, denn der Ruf war tief und kraftvoll.
Ele não questionou essa atração, pois o chamado era profundo e poderoso.
Oft erreichte er den grünen Schatten und die weiche, unberührte Erde
Muitas vezes, ele alcançava a sombra verde e a terra macia e intocada
Doch dann zog ihn die große Liebe zu John Thornton zurück zum Feuer.
Mas então o forte amor por John Thornton o puxou de volta para o fogo.
Nur John Thornton hatte Bucks wildes Herz wirklich in seiner Gewalt.
Somente John Thornton realmente tinha o coração selvagem de Buck em suas mãos.
Der Rest der Menschheit hatte für Buck keinen bleibenden Wert oder keine bleibende Bedeutung.
O resto da humanidade não tinha valor ou significado duradouro para Buck.
Fremde könnten ihn loben oder ihm mit freundlichen Händen über das Fell streicheln.
Estranhos podem elogiá-lo ou acariciar seu pelo com mãos amigáveis.
Buck blieb ungerührt und ging vor lauter Zuneigung davon.
Buck permaneceu impassível e foi embora por excesso de afeição.
Hans und Pete kamen mit dem lange erwarteten Floß
Hans e Pete chegaram com a jangada tão esperada
Buck ignorierte sie, bis er erfuhr, dass sie sich in der Nähe von Thornton befanden.
Buck os ignorou até saber que estavam perto de Thornton.

Danach tolerierte er sie, zeigte ihnen jedoch nie seine volle Zuneigung.
Depois disso, ele os tolerou, mas nunca lhes demonstrou calor humano total.
Er nahm Essen oder Freundlichkeiten von ihnen an, als täte er ihnen einen Gefallen.
Ele aceitava comida ou gentileza deles como se estivesse lhes fazendo um favor.
Sie waren wie Thornton – einfach, ehrlich und klar im Denken.
Eles eram como Thornton: simples, honestos e claros nos pensamentos.
Gemeinsam reisten sie zu Dawsons Sägewerk und dem großen Wirbel
Todos juntos viajaram para a serraria de Dawson e para o grande redemoinho
Auf ihrer Reise lernten sie Bucks Wesen tiefgründig kennen.
Em sua jornada, eles aprenderam a entender profundamente a natureza de Buck.
Sie versuchten nicht, sich näherzukommen, wie es Skeet und Nig getan hatten.
Eles não tentaram se aproximar como Skeet e Nig fizeram.
Doch Bucks Liebe zu John Thornton wurde mit der Zeit immer stärker.
Mas o amor de Buck por John Thornton só se aprofundou com o tempo.
Nur Thornton könnte Buck im Sommer eine Last auf die Schultern laden.
Somente Thornton poderia colocar uma mochila nas costas de Buck no verão.
Was auch immer Thornton befahl, Buck war bereit, es uneingeschränkt zu tun.
Tudo o que Thornton ordenava, Buck estava disposto a fazer integralmente.
Eines Tages, nachdem sie Dawson in Richtung der Quellgewässer des Tanana verlassen hatten,

Um dia, depois de deixarem Dawson em direção às nascentes do Tanana,
die Gruppe saß auf einer Klippe, die dreihundert Fuß bis zum nackten Fels abfiel.
o grupo sentou-se em um penhasco que descia um metro até o leito rochoso nu.
John Thornton saß nahe der Kante und Buck ruhte sich neben ihm aus.
John Thornton sentou-se perto da borda, e Buck descansou ao lado dele.
Thornton hatte plötzlich eine Idee und rief die Männer auf sich aufmerksam.
Thornton teve um pensamento repentino e chamou a atenção dos homens.
Er deutete über den Abgrund und gab Buck einen einzigen Befehl.
Ele apontou para o outro lado do abismo e deu a Buck uma única ordem.
„Spring, Buck!", sagte er und schwang seinen Arm über den Abgrund.
"Pule, Buck!" ele disse, balançando o braço sobre o precipício.
Einen Moment später musste er Buck packen, der sofort lossprang, um zu gehorchen.
Num instante, ele teve que agarrar Buck, que estava pulando para obedecer.
Hans und Pete eilten nach vorne und zogen beide in Sicherheit.
Hans e Pete correram e puxaram os dois de volta para um lugar seguro.
Nachdem alles vorbei war und sie wieder zu Atem gekommen waren, ergriff Pete das Wort.
Depois que tudo terminou e eles recuperaram o fôlego, Pete falou.
„Die Liebe ist unheimlich", sagte er, erschüttert von der wilden Hingabe des Hundes.
"O amor é estranho", disse ele, abalado pela devoção feroz do cão.

Thornton schüttelte den Kopf und antwortete mit ruhiger Ernsthaftigkeit.
Thornton balançou a cabeça e respondeu com calma seriedade.
„Nein, die Liebe ist großartig", sagte er, „aber auch schrecklich."
"Não, o amor é esplêndido", disse ele, "mas também terrível".
„Manchmal, das muss ich zugeben, macht mir diese Art von Liebe Angst."
"Às vezes, devo admitir, esse tipo de amor me assusta."
Pete nickte und sagte: „Ich möchte nicht der Mann sein, der dich berührt."
Pete assentiu e disse: "Eu odiaria ser o homem que toca em você."
Er sah Buck beim Sprechen ernst und voller Respekt an.
Ele olhou para Buck enquanto falava, sério e cheio de respeito.
„Py Jingo!", sagte Hans schnell. „Ich auch nicht, nein, Sir."
"Py Jingo!", disse Hans rapidamente. "Eu também não, senhor."

Noch vor Jahresende wurden Petes Befürchtungen in Circle City wahr.
Antes do ano terminar, os medos de Pete se concretizaram em Circle City.
Ein grausamer Mann namens Black Burton hat in der Bar eine Schlägerei angezettelt.
Um homem cruel chamado Black Burton começou uma briga no bar.
Er war wütend und bösartig und ging auf einen Neuling los.
Ele estava bravo e malicioso, atacando um novato.
John Thornton schritt ein, ruhig und gutmütig wie immer.
John Thornton interveio, calmo e bem-humorado como sempre.
Buck lag mit gesenktem Kopf in einer Ecke und beobachtete Thornton aufmerksam.
Buck estava deitado num canto, com a cabeça baixa, observando Thornton atentamente.

Burton schlug plötzlich zu und sein Schlag ließ Thornton herumwirbeln.
Burton atacou de repente, e seu soco fez Thornton girar.
Nur die Stangenreling verhinderte, dass er hart auf den Boden stürzte.
Somente a grade do bar o impediu de cair com força no chão.
Die Beobachter hörten ein Geräusch, das weder Bellen noch Jaulen war
Os observadores ouviram um som que não era latido ou grito
Ein tiefes Brüllen kam von Buck, als er auf den Mann zustürzte.
um rugido profundo veio de Buck quando ele se lançou em direção ao homem.
Burton riss seinen Arm hoch und rettete nur knapp sein eigenes Leben.
Burton levantou o braço e quase salvou a própria vida.
Buck prallte gegen ihn und warf ihn flach auf den Boden.
Buck colidiu com ele, derrubando-o no chão.
Buck biss tief in den Arm des Mannes und stürzte sich dann auf die Kehle.
Buck mordeu fundo o braço do homem e então investiu contra sua garganta.
Burton konnte den Angriff nur teilweise blocken und sein Hals wurde aufgerissen.
Burton só conseguiu bloquear parcialmente, e seu pescoço foi rasgado.
Männer stürmten mit erhobenen Knüppeln herein und vertrieben Buck von dem blutenden Mann.
Homens correram, ergueram cassetetes e expulsaram Buck do homem sangrando.
Ein Chirurg arbeitete schnell, um den Blutausfluss zu stoppen.
Um cirurgião agiu rapidamente para impedir que o sangue vazasse.
Buck ging auf und ab und knurrte, während er immer wieder versuchte anzugreifen.

Buck andava de um lado para o outro e rosnava, tentando atacar repetidamente.

Nur schwingende Knüppel hielten ihn davon ab, Burton zu erreichen.

Somente golpes de taco o impediram de chegar até Burton.

Eine Bergarbeiterversammlung wurde einberufen und noch vor Ort abgehalten.

Uma reunião de mineiros foi convocada e realizada ali mesmo.

Sie waren sich einig, dass Buck provoziert worden war, und stimmten für seine Freilassung.

Eles concordaram que Buck havia sido provocado e votaram para libertá-lo.

Doch Bucks wilder Name hallte nun durch jedes Lager in Alaska.

Mas o nome feroz de Buck agora ecoava em todos os acampamentos no Alasca.

Später im Herbst rettete Buck Thornton erneut auf eine neue Art und Weise.

Mais tarde naquele outono, Buck salvou Thornton novamente de uma nova maneira.

Die drei Männer steuerten ein langes Boot durch wilde Stromschnellen.

Os três homens estavam guiando um longo barco descendo por corredeiras turbulentas.

Thornton steuerte das Boot und rief Anweisungen zur Küste.

Thornton comandava o barco, dando instruções sobre como chegar à costa.

Hans und Pete rannten an Land und hielten sich an einem Seil fest, das sie von Baum zu Baum führte.

Hans e Pete correram em terra, segurando uma corda de árvore em árvore.

Buck hielt am Ufer Schritt und behielt seinen Herrn immer im Auge.

Buck manteve o ritmo na margem, sempre observando seu mestre.

An einer ungünstigen Stelle ragten Felsen aus dem schnellen Wasser hervor.
Em um lugar desagradável, pedras se projetavam sob a água rápida.
Hans ließ das Seil los und Thornton steuerte das Boot weit.
Hans soltou a corda e Thornton desviou o barco para longe.
Hans sprintete, um das Boot an den gefährlichen Felsen vorbei wieder zu erreichen.
Hans correu para pegar o barco novamente, passando pelas pedras perigosas.
Das Boot passierte den Felsvorsprung, geriet jedoch in eine stärkere Strömung.
O barco passou pela saliência, mas atingiu uma parte mais forte da correnteza.
Hans griff zu schnell nach dem Seil und brachte das Boot aus dem Gleichgewicht.
Hans agarrou a corda muito rápido e desequilibrou o barco.
Das Boot kenterte und prallte mit dem Hinterteil nach oben gegen das Ufer.
O barco virou e bateu na margem, com a parte de baixo para cima.
Thornton wurde hinausgeworfen und in den wildesten Teil des Wassers geschwemmt.
Thornton foi jogado para fora e arrastado para a parte mais selvagem da água.
Kein Schwimmer hätte in diesen tödlichen, reißenden Gewässern überleben können.
Nenhum nadador poderia sobreviver naquelas águas perigosas e mortais.
Buck sprang sofort hinein und jagte seinen Herrn den Fluss hinunter.
Buck pulou imediatamente e perseguiu seu mestre rio abaixo.
Nach dreihundert Metern erreichte er endlich Thornton.
Depois de trezentos metros, ele finalmente chegou a Thornton.
Thornton packte Buck am Schwanz und Buck drehte sich zum Ufer um.

Thornton agarrou o rabo de Buck, e Buck se virou em direção à praia.

Er schwamm mit voller Kraft und kämpfte gegen den wilden Sog des Wassers an.

Ele nadou com força total, lutando contra a força violenta da água.

Sie bewegten sich schneller flussabwärts, als sie das Ufer erreichen konnten.

Eles se moviam rio abaixo mais rápido do que conseguiam alcançar a costa.

Vor ihnen toste der Fluss immer lauter und stürzte in tödliche Stromschnellen.

À frente, o rio rugia mais alto enquanto caía em corredeiras mortais.

Felsen schnitten durch das Wasser wie die Zähne eines riesigen Kamms.

Pedras cortavam a água como os dentes de um pente enorme.

Die Anziehungskraft des Wassers in der Nähe des Tropfens war wild und unausweichlich.

A atração da água perto da queda era selvagem e inevitável.

Thornton wusste, dass sie das Ufer nie rechtzeitig erreichen würden.

Thornton sabia que nunca conseguiriam chegar à costa a tempo.

Er schrammte über einen Felsen, zerschmetterte einen zweiten,

Ele raspou uma pedra, quebrou uma segunda,

Und dann prallte er gegen einen dritten Felsen, den er mit beiden Händen festhielt.

E então ele bateu em uma terceira pedra, agarrando-a com as duas mãos.

Er ließ Buck los und übertönte das Gebrüll: „Los, Buck! Los!"

Ele soltou Buck e gritou por cima do rugido: "Vai, Buck! Vai!"

Buck konnte sich nicht über Wasser halten und wurde von der Strömung mitgerissen.

Buck não conseguiu se manter à tona e foi arrastado pela correnteza.
Er kämpfte hart und versuchte, sich umzudrehen, kam aber überhaupt nicht voran.
Ele lutou muito, esforçando-se para virar, mas não conseguiu avançar.
Dann hörte er, wie Thornton den Befehl über das Tosen des Flusses hinweg wiederholte.
Então ele ouviu Thornton repetir o comando acima do rugido do rio.
Buck erhob sich aus dem Wasser und hob den Kopf, als wolle er einen letzten Blick werfen.
Buck saiu da água e levantou a cabeça como se fosse dar uma última olhada.
dann drehte er sich um und gehorchte und schwamm entschlossen auf das Ufer zu.
então se virou e obedeceu, nadando em direção à margem com determinação.
Pete und Hans zogen ihn im letzten Moment an Land.
Pete e Hans o puxaram para terra no último momento possível.
Sie wussten, dass Thornton sich nur noch wenige Minuten am Felsen festklammern konnte.
Eles sabiam que Thornton poderia se agarrar à rocha por apenas mais alguns minutos.
Sie rannten das Ufer hinauf zu einer Stelle weit oberhalb der Stelle, an der er hing.
Eles correram até um ponto bem acima de onde ele estava pendurado.
Sie befestigten die Bootsleine sorgfältig an Bucks Hals und Schultern.
Eles amarraram cuidadosamente a linha do barco no pescoço e nos ombros de Buck.
Das Seil saß eng, war aber locker genug zum Atmen und für Bewegung.
A corda estava justa, mas solta o suficiente para respirar e se movimentar.

Dann warfen sie ihn erneut in den reißenden, tödlichen Fluss.
Então eles o lançaram novamente no rio caudaloso e mortal.
Buck schwamm mutig, verpasste jedoch seinen Winkel in die Kraft des Stroms.
Buck nadou corajosamente, mas perdeu o ângulo para enfrentar a força da correnteza.
Er sah zu spät, dass er an Thornton vorbeiziehen würde.
Ele viu tarde demais que iria passar por Thornton.
Hans riss das Seil fest, als wäre Buck ein kenterndes Boot.
Hans puxou a corda com força, como se Buck fosse um barco virando.
Die Strömung zog ihn nach unten und er verschwand unter der Oberfläche.
A correnteza o puxou para baixo e ele desapareceu abaixo da superfície.
Sein Körper schlug gegen das Ufer, bevor Hans und Pete ihn herauszogen.
Seu corpo atingiu a margem antes que Hans e Pete o resgatassem.
Er war halb ertrunken und sie haben das Wasser aus ihm herausgeprügelt.
Ele estava quase afogado, e eles bateram para tirar toda a água dele.
Buck stand auf, taumelte und brach erneut auf dem Boden zusammen.
Buck se levantou, cambaleou e caiu novamente no chão.
Dann hörten sie Thorntons Stimme, die schwach vom Wind getragen wurde.
Então eles ouviram a voz de Thornton levemente carregada pelo vento.
Obwohl die Worte undeutlich waren, wussten sie, dass er dem Tode nahe war.
Embora as palavras não fossem claras, eles sabiam que ele estava perto da morte.
Der Klang von Thorntons Stimme traf Buck wie ein elektrischer Schlag.

O som da voz de Thornton atingiu Buck como um choque elétrico.
Er sprang auf, rannte das Ufer hinauf und kehrte zum Startpunkt zurück.
Ele pulou e correu pela margem, retornando ao ponto de lançamento.
Wieder banden sie Buck das Seil fest und wieder betrat er den Bach.
Novamente amarraram a corda em Buck, e novamente ele entrou no riacho.
Diesmal schwamm er direkt und entschlossen in das rauschende Wasser.
Desta vez, ele nadou direta e firmemente para a água corrente.
Hans ließ das Seil langsam los, während Pete darauf achtete, dass es sich nicht verhedderte.
Hans soltou a corda com firmeza enquanto Pete evitava que ela se enrolasse.
Buck schwamm schnell, bis er direkt über Thornton auf einer Linie lag.
Buck nadou com força até ficar alinhado logo acima de Thornton.
Dann drehte er sich um und raste wie ein Zug mit voller Geschwindigkeit nach unten.
Então ele se virou e avançou como um trem em alta velocidade.
Thornton sah ihn kommen, machte sich bereit und schlang die Arme um seinen Hals.
Thornton o viu chegando, preparou-se e colocou os braços em volta do seu pescoço.
Hans band das Seil fest um einen Baum, als beide unter Wasser gezogen wurden.
Hans amarrou a corda firmemente em uma árvore enquanto ambos eram puxados para baixo.
Sie stürzten unter Wasser und zerschellten an Felsen und Flusstrümmern.
Eles caíram debaixo d'água, batendo em pedras e detritos do rio.

In einem Moment war Buck oben, im nächsten erhob sich Thornton keuchend.
Num momento Buck estava no topo, no outro Thornton se levantou ofegante.

Zerschlagen und erstickend steuerten sie auf das Ufer zu und waren in Sicherheit.
Espancados e sufocados, eles se desviaram para a margem e para a segurança.

Thornton erlangte sein Bewusstsein wieder und lag quer über einem Treibholzbaumstamm.
Thornton recuperou a consciência, deitado sobre um tronco.

Hans und Pete haben hart gearbeitet, um ihm Atem und Leben zurückzugeben.
Hans e Pete trabalharam duro para trazer de volta o fôlego e a vida.

Sein erster Gedanke galt Buck, der regungslos und schlaff dalag.
Seu primeiro pensamento foi para Buck, que estava imóvel e mole.

Nig heulte über Bucks Körper und Skeet leckte sanft sein Gesicht.
Nig uivou sobre o corpo de Buck, e Skeet lambeu seu rosto gentilmente.

Thornton, wund und verletzt, untersuchte Buck mit vorsichtigen Händen.
Thornton, dolorido e machucado, examinou Buck com mãos cuidadosas.

Er stellte fest, dass der Hund drei Rippen gebrochen hatte, jedoch keine tödlichen Wunden aufwies.
Ele encontrou três costelas quebradas, mas nenhum ferimento mortal no cachorro.

„Damit ist die Sache geklärt", sagte Thornton. „Wir zelten hier." Und das taten sie.
"Isso resolve", disse Thornton. "Acampamos aqui." E assim fizeram.

Sie blieben, bis Bucks Rippen verheilt waren und er wieder laufen konnte.

Eles ficaram até que as costelas de Buck sarassem e ele pudesse andar novamente.

In diesem Winter vollbrachte Buck eine Leistung, die seinen Ruhm noch weiter steigerte.
Naquele inverno, Buck realizou um feito que aumentou ainda mais sua fama.

Es war weniger heroisch als Thornton zu retten, aber genauso beeindruckend.
Foi menos heróico do que salvar Thornton, mas igualmente impressionante.

In Dawson benötigten die Partner Vorräte für eine weite Reise.
Em Dawson, os parceiros precisavam de suprimentos para uma viagem distante.

Sie wollten nach Osten reisen, in unberührte Wildnisgebiete.
Eles queriam viajar para o leste, para terras selvagens intocadas.

Bucks Tat im Eldorado Saloon machte diese Reise möglich.
A ação de Buck no Eldorado Saloon tornou essa viagem possível.

Es begann damit, dass Männer bei einem Drink mit ihren Hunden prahlten.
Tudo começou com homens se gabando de seus cachorros enquanto bebiam.

Bucks Ruhm machte ihn zur Zielscheibe von Herausforderungen und Zweifeln.
A fama de Buck fez dele alvo de desafios e dúvidas.

Thornton blieb stolz und ruhig und verteidigte Bucks Namen standhaft.
Thornton, orgulhoso e calmo, permaneceu firme na defesa do nome de Buck.

Ein Mann sagte, sein Hund könne problemlos zweihundertsechsunddreißig kg ziehen.
Um homem disse que seu cachorro conseguia puxar duzentos quilos com facilidade.

Ein anderer sagte sechshundert und ein dritter prahlte mit siebenhundert.
Outro disse seiscentos, e um terceiro se gabou de setecentos.
„Pfft!", sagte John Thornton, „Buck kann einen fünfhundert kg schweren Schlitten ziehen."
"Pfft!" disse John Thornton, "Buck consegue puxar um trenó de 450 quilos."
Matthewson, ein Bonanza-König, beugte sich vor und forderte ihn heraus.
Matthewson, um Rei Bonanza, inclinou-se para frente e o desafiou.
„Glauben Sie, er kann so viel Gewicht in Bewegung setzen?"
"Você acha que ele consegue colocar tanto peso em movimento?"
„Und Sie glauben, er kann das Gewicht volle hundert Meter weit ziehen?"
"E você acha que ele consegue puxar o peso por cem metros inteiros?"
Thornton antwortete kühl: „Ja. Buck ist Hund genug, um das zu tun."
Thornton respondeu friamente: "Sim. Buck é cachorro o suficiente para fazer isso."
„Er wird tausend Pfund in Bewegung setzen und es hundert Meter weit ziehen."
"Ele coloca 450 quilos em movimento e puxa por cem metros."
Matthewson lächelte langsam und stellte sicher, dass alle Männer seine Worte hörten.
Matthewson sorriu lentamente e fez questão de que todos os homens ouvissem suas palavras.
„Ich habe tausend Dollar, die sagen, dass er es nicht kann. Da ist es."
"Tenho mil dólares que dizem que ele não pode. Aí está."
Er knallte einen Sack Goldstaub von der Größe einer Wurst auf die Theke.
Ele jogou um saco de pó de ouro do tamanho de uma salsicha no balcão.

Niemand sagte ein Wort. Die Stille um sie herum wurde drückend und angespannt.
Ninguém disse uma palavra. O silêncio tornou-se pesado e tenso ao redor deles.

Thorntons Bluff – wenn es denn einer war – war ernst genommen worden.
O blefe de Thornton — se é que houve algum — foi levado a sério.

Er spürte, wie ihm die Hitze im Gesicht aufstieg und das Blut in seine Wangen schoss.
Ele sentiu o calor subir ao seu rosto enquanto o sangue subia às suas bochechas.

In diesem Moment war seine Zunge seiner Vernunft voraus.
Sua língua se antecipou à razão naquele momento.

Er wusste wirklich nicht, ob Buck fünfhundert kg bewegen konnte.
Ele realmente não sabia se Buck conseguiria movimentar mil libras.

Eine halbe Tonne! Allein die Größe ließ ihm das Herz schwer werden.
Meia tonelada! Só o tamanho já fazia seu coração pesar.

Er hatte Vertrauen in Bucks Stärke und hielt ihn für fähig.
Ele tinha fé na força de Buck e o considerava capaz.

Doch einer solchen Herausforderung war er noch nie begegnet, nicht auf diese Art und Weise.
Mas ele nunca havia enfrentado esse tipo de desafio, não desse jeito.

Ein Dutzend Männer beobachteten ihn still und warteten darauf, was er tun würde.
Uma dúzia de homens o observava em silêncio, esperando para ver o que ele faria.

Er hatte das Geld nicht – Hans und Pete auch nicht.
Ele não tinha dinheiro, nem Hans nem Pete.

„Ich habe draußen einen Schlitten", sagte Matthewson kalt und direkt.
"Tenho um trenó lá fora", disse Matthewson friamente e diretamente.

„Es ist mit zwanzig Säcken zu je fünfzig Pfund beladen, alles Mehl.

"Está carregado com vinte sacos de cinquenta libras cada, tudo farinha.

Lassen Sie sich also jetzt nicht von einem fehlenden Schlitten als Ausrede ausreden", fügte er hinzu.

Então não deixe que um trenó perdido seja sua desculpa agora", acrescentou.

Thornton stand still da. Er wusste nicht, was er sagen sollte.

Thornton ficou em silêncio. Não sabia que palavras dizer.

Er blickte sich die Gesichter an, ohne sie deutlich zu erkennen.

Ele olhou para os rostos sem vê-los claramente.

Er sah aus wie ein Mann, der in Gedanken erstarrt war und versuchte, neu zu starten.

Ele parecia um homem congelado em pensamentos, tentando recomeçar.

Dann sah er Jim O'Brien, einen Freund aus der Mastodon-Zeit.

Então ele viu Jim O'Brien, um amigo dos tempos do Mastodon.

Dieses vertraute Gesicht gab ihm Mut, von dem er nicht wusste, dass er ihn hatte.

Aquele rosto familiar lhe deu uma coragem que ele não sabia que tinha.

Er drehte sich um und fragte mit leiser Stimme: „Können Sie mir tausend leihen?"

Ele se virou e perguntou em voz baixa: "Você pode me emprestar mil?"

„Sicher", sagte O'Brien und ließ bereits einen schweren Sack neben dem Gold fallen.

"Claro", disse O'Brien, deixando cair um saco pesado perto do ouro.

„Aber ehrlich gesagt, John, ich glaube nicht, dass das Biest das tun kann."

"Mas, sinceramente, John, não acredito que a fera possa fazer isso."

Alle im Eldorado Saloon strömten nach draußen, um sich die Veranstaltung anzusehen.
Todos no Eldorado Saloon correram para fora para ver o evento.
Sie ließen Tische und Getränke zurück und sogar die Spiele wurden unterbrochen.
Eles deixaram mesas e bebidas, e até os jogos foram pausados.
Dealer und Spieler kamen, um das Ende der kühnen Wette mitzuerleben.
Crupiês e apostadores vieram testemunhar o fim daquela aposta ousada.
Hunderte versammelten sich auf der vereisten Straße um den Schlitten.
Centenas de pessoas se reuniram ao redor do trenó na rua gelada.
Matthewsons Schlitten stand mit einer vollen Ladung Mehlsäcke da.
O trenó de Matthewson estava carregado de sacos de farinha.
Der Schlitten stand stundenlang bei Minustemperaturen.
O trenó ficou parado por horas em temperaturas negativas.
Die Kufen des Schlittens waren fest am festgetretenen Schnee festgefroren.
Os patins do trenó estavam congelados na neve compactada.
Die Männer wetteten zwei zu eins, dass Buck den Schlitten nicht bewegen könne.
Os homens deram chances de dois para um de que Buck não conseguiria mover o trenó.
Es kam zu einem Streit darüber, was „ausbrechen" eigentlich bedeutet.
Surgiu uma disputa sobre o que "sair" realmente significava.
O'Brien sagte, Thornton solle die festgefrorene Basis des Schlittens lösen.
O'Brien disse que Thornton deveria soltar a base congelada do trenó.
Buck könnte dann aus einem soliden, bewegungslosen Start „ausbrechen".
Buck poderia então "sair" de um início sólido e imóvel.

Matthewson argumentierte, dass der Hund auch die Läufer befreien müsse.
Matthewson argumentou que o cão também deve libertar os corredores.
Die Männer, die von der Wette gehört hatten, stimmten Matthewsons Ansicht zu.
Os homens que ouviram a aposta concordaram com a opinião de Matthewson.
Mit dieser Entscheidung stiegen die Chancen auf drei zu eins gegen Buck.
Com essa decisão, as probabilidades saltaram para três para um contra Buck.
Niemand trat vor, um die wachsende Drei-zu-eins-Chance auf sich zu nehmen.
Ninguém se apresentou para aproveitar as crescentes probabilidades de três para um.
Kein einziger Mann glaubte, dass Buck diese große Leistung vollbringen könnte.
Nenhum homem acreditou que Buck conseguiria realizar o grande feito.
Thornton war zu der Wette gedrängt worden, obwohl er voller Zweifel war.
Thornton foi levado às pressas para a aposta, cheio de dúvidas.
Nun blickte er auf den Schlitten und das zehnköpfige Hundegespann daneben.
Agora ele olhava para o trenó e para a equipe de dez cães ao lado dele.
Als ich die Realität der Aufgabe sah, erschien sie noch unmöglicher.
Ver a realidade da tarefa fez com que ela parecesse ainda mais impossível.
Matthewson war in diesem Moment voller Stolz und Selbstvertrauen.
Matthewson estava cheio de orgulho e confiança naquele momento.
„Drei zu eins!", rief er. „Ich wette noch tausend, Thornton!"

"Três contra um!", gritou ele. "Aposto mais mil, Thornton!
Was sagst du dazu?", fügte er laut genug hinzu, dass es alle hören konnten.
O que você diz?" ele acrescentou, alto o suficiente para todos ouvirem.
Thorntons Gesicht zeigte seine Zweifel, aber sein Geist war aufgeblüht.
O rosto de Thornton mostrava suas dúvidas, mas seu espírito estava elevado.
Dieser Kampfgeist ignorierte alle Widrigkeiten und fürchtete sich überhaupt nicht.
Esse espírito de luta ignorou as probabilidades e não temeu nada.
Er forderte Hans und Pete auf, ihr gesamtes Bargeld auf den Tisch zu bringen.
Ele chamou Hans e Pete para trazerem todo o dinheiro para a mesa.
Ihnen blieb nicht mehr viel übrig – insgesamt nur zweihundert Dollar.
Eles tinham pouco mais: apenas duzentos dólares no total.
Diese kleine Summe war ihr gesamtes Vermögen in schweren Zeiten.
Essa pequena quantia era toda a sua fortuna durante os tempos difíceis.
Dennoch setzten sie ihr gesamtes Vermögen auf Matthewsons Wette.
Mesmo assim, eles apostaram toda a fortuna contra Matthewson.
Das zehnköpfige Hundegespann wurde abgekoppelt und vom Schlitten wegbewegt.
O grupo de dez cães foi desatrelado e se afastou do trenó.
Buck wurde in die Zügel genommen und trug sein vertrautes Geschirr.
Buck foi colocado nas rédeas, usando seu arreio familiar.
Er hatte die Energie der Menge aufgefangen und die Spannung gespürt.
Ele captou a energia da multidão e sentiu a tensão.

Irgendwie wusste er, dass er etwas für John Thornton tun musste.
De alguma forma, ele sabia que tinha que fazer algo por John Thornton.
Die Leute murmelten voller Bewunderung über die stolze Gestalt des Hundes.
As pessoas murmuravam com admiração diante da figura orgulhosa do cão.
Er war schlank und stark und hatte kein einziges Gramm Fleisch zu viel.
Ele era magro e forte, sem um único grama de carne extra.
Sein Gesamtgewicht von hundertfünfzig Pfund bestand nur aus Kraft und Ausdauer.
Seu peso total de cento e cinquenta libras era pura força e resistência.
Bucks Fell glänzte wie Seide und strotzte vor Gesundheit und Kraft.
O pelo de Buck brilhava como seda, espesso, saudável e forte.
Das Fell an seinem Hals und seinen Schultern schien sich aufzurichten und zu sträuben.
Os pelos ao longo do pescoço e dos ombros dele pareciam se levantar e eriçar.
Seine Mähne bewegte sich leicht, jedes Haar war voller Energie.
Sua juba se movia levemente, cada fio de cabelo transbordando de sua grande energia.
Seine breite Brust und seine starken Beine passten zu seinem schweren, robusten Körperbau.
Seu peito largo e pernas fortes combinavam com sua estrutura pesada e resistente.
Unter seinem Mantel spannten sich Muskeln, straff und fest wie geschmiedetes Eisen.
Os músculos ondulavam sob seu casaco, tensos e firmes como ferro.
Männer berührten ihn und schworen, er sei gebaut wie eine Stahlmaschine.

Os homens o tocaram e juraram que ele era construído como uma máquina de aço.
Die Quoten sanken leicht auf zwei zu eins gegen den großen Hund.
As probabilidades caíram ligeiramente para duas para uma contra o grande cão.
Ein Mann von den Skookum Benches drängte sich stotternd nach vorne.
Um homem dos Skookum Benches avançou, gaguejando.
„Gut, Sir! Ich biete achthundert für ihn – vor der Prüfung, Sir!"
— Ótimo, senhor! Ofereço oitocentos por ele... antes do teste, senhor!
„Achthundert, so wie er jetzt dasteht!", beharrte der Mann.
"Oitocentos, pelo valor que ele tem agora!", insistiu o homem.
Thornton trat vor, lächelte und schüttelte ruhig den Kopf.
Thornton deu um passo à frente, sorriu e balançou a cabeça calmamente.
Matthewson schritt schnell mit warnender Stimme und einem Stirnrunzeln ein.
Matthewson interveio rapidamente com uma voz de advertência e uma carranca.
„Sie müssen Abstand von ihm halten", sagte er. „Geben Sie ihm Raum."
"Você precisa se afastar dele", disse ele. "Dê espaço a ele."
Die Menge verstummte; nur die Spieler boten noch zwei zu eins.
A multidão ficou em silêncio; apenas os apostadores ainda ofereciam apostas de dois para um.
Alle bewunderten Bucks Körperbau, aber die Last schien zu groß.
Todos admiravam o porte físico de Buck, mas a carga parecia grande demais.
Zwanzig Säcke Mehl – jeder fünfzig Pfund schwer – schienen viel zu viel.
Vinte sacos de farinha — cada um pesando vinte e cinco quilos — pareciam muito.

Niemand war bereit, seinen Geldbeutel zu öffnen und sein Geld zu riskieren.
Ninguém estava disposto a abrir a bolsa e arriscar seu dinheiro.

Thornton kniete neben Buck und nahm seinen Kopf in beide Hände.
Thornton se ajoelhou ao lado de Buck e segurou sua cabeça com as duas mãos.

Er drückte seine Wange an Bucks und sprach in sein Ohr.
Ele pressionou sua bochecha contra a de Buck e falou em seu ouvido.

Es gab jetzt kein spielerisches Schütteln oder geflüsterte liebevolle Beleidigungen.
Agora não havia mais apertos de mão brincalhões nem insultos carinhosos sussurrados.

Er murmelte nur leise: „So sehr du mich liebst, Buck."
Ele apenas murmurou suavemente: "Tanto quanto você me ama, Buck."

Buck stieß ein leises Winseln aus, seine Begierde konnte er kaum zurückhalten.
Buck soltou um gemido baixo, sua ânsia mal contida.

Die Zuschauer beobachteten neugierig, wie Spannung in der Luft lag.
Os espectadores observavam com curiosidade enquanto a tensão preenchia o ar.

Der Moment fühlte sich fast unwirklich an, wie etwas jenseits der Vernunft.
O momento parecia quase irreal, como algo além da razão.

Als Thornton aufstand, nahm Buck sanft seine Hand zwischen die Kiefer.
Quando Thornton se levantou, Buck gentilmente pegou sua mão entre suas mandíbulas.

Er drückte mit den Zähnen nach unten und ließ dann langsam und sanft los.
Ele pressionou com os dentes e depois soltou lenta e gentilmente.

Es war eine stille Antwort der Liebe, nicht ausgesprochen, aber verstanden.
Foi uma resposta silenciosa de amor, não falada, mas compreendida.

Thornton trat weit von dem Hund zurück und gab das Signal.
Thornton se afastou bem do cachorro e deu o sinal.

„Jetzt, Buck", sagte er und Buck antwortete mit konzentrierter Ruhe.
"Agora, Buck", ele disse, e Buck respondeu com calma e foco.

Buck spannte die Leinen und lockerte sie dann um einige Zentimeter.
Buck apertou os trilhos e depois os afrouxou alguns centímetros.

Dies war die Methode, die er gelernt hatte; seine Art, den Schlitten zu zerbrechen.
Esse era o método que ele havia aprendido; sua maneira de quebrar o trenó.

„Mensch!", rief Thornton mit scharfer Stimme in der schweren Stille.
"Nossa!" Thornton gritou, sua voz aguda no silêncio pesado.

Buck drehte sich nach rechts und stürzte sich mit seinem gesamten Gewicht nach vorn.
Buck virou para a direita e investiu com todo o seu peso.

Das Spiel verschwand und Bucks gesamte Masse traf die straffen Leinen.
A folga desapareceu, e toda a massa de Buck atingiu os trilhos apertados.

Der Schlitten zitterte und die Kufen machten ein knackendes, knisterndes Geräusch.
O trenó tremeu, e os patins fizeram um som de estalo.

„Haw!", befahl Thornton und änderte erneut Bucks Richtung.
"Haw!" Thornton ordenou, mudando novamente a direção de Buck.

Buck wiederholte die Bewegung und zog diesmal scharf nach links.

Buck repetiu o movimento, dessa vez puxando bruscamente para a esquerda.

Das Knacken des Schlittens wurde lauter, die Kufen knackten und verschoben sich.

O trenó estalava mais alto, os patins estalavam e se deslocavam.

Die schwere Last rutschte leicht seitwärts über den gefrorenen Schnee.

A carga pesada deslizou ligeiramente para o lado na neve congelada.

Der Schlitten hatte sich aus der Umklammerung des eisigen Pfades gelöst!

O trenó se soltou das garras da trilha gelada!

Die Männer hielten den Atem an, ohne zu merken, dass sie nicht einmal atmeten.

Os homens prenderam a respiração, sem perceber que nem estavam respirando.

„Jetzt ZIEHEN!", rief Thornton durch die eisige Stille.

"Agora, PUXE!" Thornton gritou através do silêncio congelado.

Thorntons Befehl klang scharf wie ein Peitschenknall.

O comando de Thornton soou agudo, como o estalo de um chicote.

Buck stürzte sich mit einem heftigen und heftigen Ausfallschritt nach vorne.

Buck se lançou para frente com um golpe violento e brusco.

Sein ganzer Körper war aufgrund der enormen Belastung angespannt und verkrampft.

Todo o seu corpo ficou tenso e encolhido devido ao esforço intenso.

Unter seinem Fell spannten sich Muskeln wie lebendig werdende Schlangen.

Os músculos ondulavam sob seu pelo como serpentes ganhando vida.

Seine breite Brust war tief, der Kopf nach vorne zum Schlitten gestreckt.

Seu grande peito estava baixo e sua cabeça estava esticada para frente, em direção ao trenó.

Seine Pfoten bewegten sich blitzschnell und seine Krallen zerschnitten den gefrorenen Boden.

Suas patas se moviam como relâmpagos, garras cortando o chão congelado.

Er kämpfte um jeden Zentimeter Bodenhaftung und hinterließ tiefe Rillen.

Os sulcos foram profundos enquanto ele lutava por cada centímetro de tração.

Der Schlitten schaukelte, zitterte und begann eine langsame, unruhige Bewegung.

O trenó balançou, tremeu e começou um movimento lento e desconfortável.

Ein Fuß rutschte aus und ein Mann in der Menge stöhnte laut auf.

Um pé escorregou, e um homem na multidão gemeu alto.

Dann machte der Schlitten mit einer ruckartigen, heftigen Bewegung einen Satz nach vorne.

Então o trenó avançou num movimento brusco e brusco.

Es hörte nicht wieder auf – noch einen halben Zoll ... einen Zoll ... zwei Zoll mehr.

E não parou mais — mais um centímetro...um centímetro...cinco centímetros.

Die Stöße wurden kleiner, als der Schlitten an Geschwindigkeit zunahm.

Os solavancos diminuíram à medida que o trenó começou a ganhar velocidade.

Bald zog Buck mit sanfter, gleichmäßiger Rollkraft.

Logo Buck estava puxando com uma força suave e uniforme.

Die Männer schnappten nach Luft und erinnerten sich schließlich wieder daran zu atmen.

Os homens ofegaram e finalmente se lembraram de respirar novamente.

Sie hatten nicht bemerkt, dass ihnen vor Ehrfurcht der Atem stockte.

Eles não perceberam que pararam de respirar devido ao espanto.
Thornton rannte hinterher und rief kurze, fröhliche Befehle.
Thornton correu atrás, gritando comandos curtos e alegres.
Vor uns lag ein Stapel Brennholz, der die Entfernung markierte.
À frente havia uma pilha de lenha que marcava a distância.
Als Buck sich dem Haufen näherte, wurde der Jubel immer lauter.
À medida que Buck se aproximava da pilha, os aplausos ficavam cada vez mais altos.
Der Jubel schwoll zu einem Brüllen an, als Buck den Endpunkt passierte.
A torcida aumentou e virou um rugido quando Buck passou do ponto final.
Männer sprangen auf und schrien, sogar Matthewson grinste.
Homens pularam e gritaram, até Matthewson abriu um sorriso.
Hüte flogen durch die Luft, Fäustlinge wurden gedankenlos und ziellos herumgeworfen.
Chapéus voavam no ar, luvas eram atiradas sem pensar ou mirar.
Männer packten einander und schüttelten sich die Hände, ohne zu wissen, wer es war.
Os homens se agarravam e apertavam as mãos sem saber quem era.
Die ganze Menge war in wilder, freudiger Stimmung.
A multidão inteira vibrava em uma celebração selvagem e alegre.
Thornton fiel mit zitternden Händen neben Buck auf die Knie.
Thornton caiu de joelhos ao lado de Buck com as mãos trêmulas.
Er drückte seinen Kopf an Bucks und schüttelte ihn sanft hin und her.

Ele pressionou a cabeça contra a de Buck e o sacudiu gentilmente para frente e para trás.
Diejenigen, die näher kamen, hörten, wie er den Hund mit stiller Liebe verfluchte.
Aqueles que se aproximaram ouviram-no amaldiçoar o cão com amor silencioso.
Er beschimpfte Buck lange – leise, herzlich und emotional.
Ele xingou Buck por um longo tempo — suavemente, calorosamente, com emoção.
„Gut, Sir! Gut, Sir!", rief der König der Skookum-Bank hastig.
"Bom, senhor! Bom, senhor!", gritou o rei do Banco Skookum apressadamente.
„Ich gebe Ihnen tausend – nein, zwölfhundert – für diesen Hund, Sir!"
"Eu lhe darei mil — não, mil e duzentos — por esse cachorro, senhor!"
Thornton stand langsam auf, seine Augen glänzten vor Emotionen.
Thornton levantou-se lentamente, com os olhos brilhando de emoção.
Tränen strömten ihm ohne jede Scham über die Wangen.
Lágrimas escorriam abertamente por suas bochechas, sem nenhuma vergonha.
„Sir", sagte er zum König der Skookum-Bank, ruhig und bestimmt
"Senhor", disse ele ao rei do Banco Skookum, firme e constante
„Nein, Sir. Sie können zur Hölle fahren, Sir. Das ist meine endgültige Antwort."
"Não, senhor. Pode ir para o inferno, senhor. Essa é a minha resposta final."
Buck packte Thorntons Hand sanft mit seinen starken Kiefern.
Buck agarrou a mão de Thornton gentilmente com suas mandíbulas fortes.

Thornton schüttelte ihn spielerisch, ihre Bindung war so tief wie eh und je.
Thornton o sacudiu de brincadeira, seu vínculo era profundo como sempre.
Die Menge, bewegt von diesem Moment, trat schweigend zurück.
A multidão, comovida com o momento, recuou em silêncio.
Von da an wagte es niemand mehr, diese heilige Zuneigung zu unterbrechen.
A partir de então, ninguém ousou interromper tal afeição sagrada.

Der Klang des Rufs
O Som do Chamado

Buck hatte in fünf Minuten Sechzehnhundert Dollar verdient.
Buck ganhou mil e seiscentos dólares em cinco minutos.
Mit dem Geld konnte John Thornton einen Teil seiner Schulden begleichen.
O dinheiro permitiu que John Thornton pagasse algumas de suas dívidas.
Mit dem restlichen Geld machte er sich mit seinen Partnern auf den Weg nach Osten.
Com o resto do dinheiro, ele foi para o Leste com seus sócios.
Sie suchten nach einer sagenumwobenen verlorenen Mine, die so alt ist wie das Land selbst.
Eles procuraram uma lendária mina perdida, tão antiga quanto o próprio país.
Viele Männer hatten nach der Mine gesucht, aber nur wenige hatten sie je gefunden.
Muitos homens procuraram a mina, mas poucos a encontraram.
Während der gefährlichen Suche waren nicht wenige Männer verschwunden.
Mais do que alguns homens desapareceram durante a perigosa busca.
Diese verlorene Mine war sowohl in Geheimnisse als auch in eine alte Tragödie gehüllt.
Esta mina perdida estava envolta em mistério e tragédia antiga.
Niemand wusste, wer der erste Mann war, der die Mine entdeckt hatte.
Ninguém sabia quem havia sido o primeiro homem a encontrar a mina.
In den ältesten Geschichten wird niemand namentlich erwähnt.
As histórias mais antigas não mencionam ninguém pelo nome.
Dort hatte immer eine alte, baufällige Hütte gestanden.

Sempre houve uma cabana antiga e em ruínas ali.
Sterbende Männer hatten geschworen, dass sich neben dieser alten Hütte eine Mine befand.
Homens moribundos juraram que havia uma mina ao lado daquela velha cabana.
Sie bewiesen ihre Geschichten mit Gold, wie es nirgendwo sonst zu finden ist.
Eles provaram suas histórias com ouro como nenhum outro foi encontrado em nenhum outro lugar.
Keine lebende Seele hatte den Schatz von diesem Ort jemals geplündert.
Nenhuma alma viva jamais havia saqueado o tesouro daquele lugar.
Die Toten waren tot, und Tote erzählen keine Geschichten.
Os mortos estavam mortos, e homens mortos não contam histórias.
Also machten sich Thornton und seine Freunde auf den Weg in den Osten.
Então Thornton e seus amigos seguiram para o Leste.
Pete und Hans kamen mit Buck und sechs starken Hunden.
Pete e Hans se juntaram, trazendo Buck e seis cães fortes.
Sie begaben sich auf einen unbekannten Weg, an dem andere gescheitert waren.
Eles partiram por uma trilha desconhecida onde outros falharam.
Sie rodelten siebzig Meilen den zugefrorenen Yukon River hinauf.
Eles desceram de trenó por 112 quilômetros pelo congelado Rio Yukon.
Sie bogen links ab und folgten dem Pfad bis zum Stewart.
Eles viraram à esquerda e seguiram a trilha até o Stewart.
Sie passierten Mayo und McQuestion und drängten weiter.
Eles passaram pelo Mayo e pelo McQuestion e continuaram avançando.
Der Stewart schrumpfte zu einem Strom, der sich durch zerklüftete Gipfel schlängelte.

O Stewart encolheu até virar um riacho, passando por picos irregulares.
Diese scharfen Gipfel markierten das Rückgrat des Kontinents.
Esses picos agudos marcavam a espinha dorsal do continente.
John Thornton verlangte wenig von den Menschen oder der Wildnis.
John Thornton exigia pouco dos homens ou das terras selvagens.
Er fürchtete nichts in der Natur und begegnete der Wildnis mit Leichtigkeit.
Ele não temia nada na natureza e enfrentava a vida selvagem com facilidade.
Nur mit Salz und einem Gewehr konnte er reisen, wohin er wollte.
Com apenas sal e um rifle, ele podia viajar para onde quisesse.
Wie die Eingeborenen jagte er auf seiner Reise nach Nahrung.
Assim como os nativos, ele caçava para comer enquanto viajava.
Wenn er nichts fing, machte er weiter und vertraute auf sein Glück.
Se não pegasse nada, ele continuava, confiando na sorte.
Auf dieser langen Reise war Fleisch die Hauptnahrungsquelle.
Nessa longa jornada, a carne era a principal coisa que eles comiam.
Der Schlitten enthielt Werkzeuge und Munition, jedoch keinen strengen Zeitplan.
O trenó continha ferramentas e munição, mas não havia um cronograma rígido.
Buck liebte dieses Herumwandern, die endlose Jagd und das Fischen.
Buck adorava essa peregrinação; a caça e a pesca sem fim.
Wochenlang waren sie Tag für Tag unterwegs.
Durante semanas eles viajaram dia após dia.

Manchmal schlugen sie Lager auf und blieben wochenlang dort.
Outras vezes eles montavam acampamentos e ficavam parados por semanas.
Die Hunde ruhten sich aus, während die Männer im gefrorenen Dreck gruben.
Os cães descansaram enquanto os homens cavavam a terra congelada.
Sie erwärmten Pfannen über dem Feuer und suchten nach verborgenem Gold.
Eles esquentavam panelas no fogo e procuravam ouro escondido.
An manchen Tagen hungerten sie, an anderen feierten sie Feste.
Em alguns dias eles passavam fome, em outros faziam festas.
Ihre Mahlzeiten hingen vom Wild und vom Jagdglück ab.
Suas refeições dependiam da caça e da sorte da caçada.
Als der Sommer kam, trugen Männer und Hunde schwere Lasten auf ihren Rücken.
Quando o verão chegou, homens e cães carregaram cargas nas costas.
Sie fuhren mit dem Floß über blaue Seen, die in Bergwäldern versteckt waren.
Eles fizeram rafting em lagos azuis escondidos em florestas montanhosas.
Sie segelten in schmalen Booten auf Flüssen, die noch nie von Menschen kartiert worden waren.
Eles navegavam em barcos estreitos em rios que nenhum homem jamais havia mapeado.
Diese Boote wurden aus Bäumen gebaut, die sie in der Wildnis gesägt haben.
Esses barcos foram construídos com árvores que eles mesmos serraram na natureza.

Die Monate vergingen und sie schlängelten sich durch die wilden, unbekannten Länder.

Os meses se passaram e eles serpentearam pelas terras selvagens e desconhecidas.
Es waren keine Männer dort, doch alte Spuren deuteten darauf hin, dass Männer dort gewesen waren.
Não havia homens lá, mas vestígios antigos indicavam que havia homens.
Wenn die verlorene Hütte echt war, dann waren einst andere hier entlang gekommen.
Se a Cabana Perdida fosse real, então outros já teriam passado por aqui.
Sie überquerten hohe Pässe bei Schneestürmen, sogar im Sommer.
Eles atravessaram passagens altas em meio a nevascas, mesmo durante o verão.
Sie zitterten unter der Mitternachtssonne auf kahlen Berghängen.
Eles tremiam sob o sol da meia-noite nas encostas áridas das montanhas.
Zwischen der Baumgrenze und den Schneefeldern stiegen sie langsam auf.
Entre a linha das árvores e os campos de neve, eles escalaram lentamente.
In warmen Tälern schlugen sie nach Schwärmen aus Mücken und Fliegen.
Em vales quentes, eles espantavam nuvens de mosquitos e moscas.
Sie pflückten süße Beeren in der Nähe von Gletschern in voller Sommerblüte.
Eles colhiam frutas doces perto de geleiras em plena floração do verão.
Die Blumen, die sie fanden, waren genauso schön wie die im Süden.
As flores que encontraram eram tão lindas quanto as do Sul.
Im Herbst erreichten sie eine einsame Region voller stiller Seen.
Naquele outono, eles chegaram a uma região solitária cheia de lagos silenciosos.

Das Land war traurig und leer, einst voller Vögel und Tiere.
A terra estava triste e vazia, antes repleta de pássaros e animais.
Jetzt gab es kein Leben mehr, nur noch den Wind und das Eis, das sich in Pfützen bildete.
Agora não havia vida, apenas vento e gelo se formando em poças.
Mit einem sanften, traurigen Geräusch schlugen die Wellen gegen die leeren Ufer.
As ondas batiam nas praias vazias com um som suave e triste.

Ein weiterer Winter kam und sie folgten erneut schwachen, alten Spuren.
Chegou outro inverno, e eles seguiram novamente trilhas antigas e tênues.
Dies waren die Spuren von Männern, die schon lange vor ihnen gesucht hatten.
Essas eram as trilhas de homens que haviam procurado muito antes deles.
Einmal fanden sie einen Pfad, der tief in den dunklen Wald hineinreichte.
Certa vez, eles encontraram um caminho aberto bem fundo na floresta escura.
Es war ein alter Pfad und sie hatten das Gefühl, dass die verlorene Hütte ganz in der Nähe war.
Era uma trilha antiga, e eles sentiram que a cabana perdida estava próxima.
Doch die Spur führte nirgendwo hin und verlor sich im dichten Wald.
Mas a trilha não levava a lugar nenhum e desaparecia na mata fechada.
Wer auch immer die Spur angelegt hat und warum, das wusste niemand.
Ninguém sabia quem fez a trilha e por que a fez.
Später fanden sie das Wrack einer Hütte, versteckt zwischen den Bäumen.

Mais tarde, eles encontraram os destroços de uma cabana escondida entre as árvores.
Verrottende Decken lagen verstreut dort, wo einst jemand geschlafen hatte.
Cobertores apodrecidos estavam espalhados onde alguém dormiu.
John Thornton fand darin ein Steinschlossgewehr mit langem Lauf.
John Thornton encontrou uma espingarda de pederneira de cano longo enterrada lá dentro.
Er wusste, dass es sich um eine Waffe von Hudson Bay aus den frühen Handelstagen handelte.
Ele sabia que esta era uma arma da Baía de Hudson desde os primeiros dias de negociação.
Damals wurden solche Gewehre gegen Stapel von Biberfellen eingetauscht.
Naquela época, essas armas eram trocadas por pilhas de peles de castor.
Das war alles – von dem Mann, der die Hütte gebaut hatte, gab es keine Spur mehr.
Isso foi tudo: não sobrou nenhuma pista do homem que construiu o chalé.

Der Frühling kam wieder und sie fanden keine Spur von der verlorenen Hütte.
A primavera chegou novamente, e eles não encontraram sinal da Cabana Perdida.
Stattdessen fanden sie ein breites Tal mit einem seichten Bach.
Em vez disso, eles encontraram um vale amplo com um riacho raso.
Gold lag wie glatte, gelbe Butter auf dem Pfannenboden.
O ouro cobria o fundo das panelas como manteiga amarela e lisa.
Sie hielten dort an und suchten nicht weiter nach der Hütte.
Eles pararam ali e não procuraram mais pela cabana.
Jeden Tag arbeiteten sie und fanden Tausende in Goldstaub.

A cada dia eles trabalhavam e encontravam milhares em pó de ouro.
Sie packten das Gold in Säcke aus Elchhaut, jeder Fünfzig Pfund schwer.
Eles embalaram o ouro em sacos de couro de alce, pesando cinquenta libras cada.
Die Säcke waren wie Brennholz vor ihrer kleinen Hütte gestapelt.
As sacolas estavam empilhadas como lenha do lado de fora de sua pequena cabana.
Sie arbeiteten wie Giganten und die Tage vergingen wie im Flug.
Eles trabalharam como gigantes, e os dias passaram como sonhos rápidos.
Sie häuften Schätze an, während die endlosen Tage schnell vorbeizogen.
Eles acumularam tesouros à medida que os dias intermináveis passavam rapidamente.
Außer ab und zu Fleisch zu schleppen, gab es für die Hunde nicht viel zu tun.
Havia pouco que os cães pudessem fazer, exceto carregar carne de vez em quando.
Thornton jagte und tötete das Wild, und Buck lag am Feuer.
Thornton caçava e matava a caça, e Buck deitava-se perto do fogo.
Er verbrachte viele Stunden schweigend, versunken in Gedanken und Erinnerungen.
Ele passou longas horas em silêncio, perdido em pensamentos e memórias.
Das Bild des haarigen Mannes kam Buck immer häufiger in den Sinn.
A imagem do homem peludo surgia com mais frequência na mente de Buck.
Jetzt, wo es kaum noch Arbeit gab, träumte Buck, während er ins Feuer blinzelte.
Agora que o trabalho era escasso, Buck sonhava enquanto piscava para o fogo.

In diesen Träumen wanderte Buck mit dem Mann in eine andere Welt.
Nesses sonhos, Buck vagava com o homem em outro mundo.
Angst schien das stärkste Gefühl in dieser fernen Welt zu sein.
O medo parecia o sentimento mais forte naquele mundo distante.
Buck sah, wie der haarige Mann mit gesenktem Kopf schlief.
Buck viu o homem peludo dormir com a cabeça baixa.
Seine Hände waren gefaltet und sein Schlaf war unruhig und unterbrochen.
Suas mãos estavam entrelaçadas e seu sono era agitado e interrompido.
Er wachte immer ruckartig auf und starrte ängstlich in die Dunkelheit.
Ele costumava acordar assustado e olhar com medo para o escuro.
Dann warf er mehr Holz ins Feuer, um die Flamme hell zu halten.
Então ele jogava mais lenha no fogo para manter a chama acesa.
Manchmal spazierten sie an einem Strand entlang, der an einem grauen, endlosen Meer entlangführte.
Às vezes, eles caminhavam por uma praia perto de um mar cinzento e infinito.
Der haarige Mann sammelte Schalentiere und aß sie im Gehen.
O homem peludo pegou mariscos e os comeu enquanto caminhava.
Seine Augen suchten immer nach verborgenen Gefahren in den Schatten.
Seus olhos sempre procuravam perigos escondidos nas sombras.
Seine Beine waren immer bereit, beim ersten Anzeichen einer Bedrohung loszusprinten.

Suas pernas estavam sempre prontas para correr ao primeiro sinal de ameaça.

Sie schlichen still und vorsichtig Seite an Seite durch den Wald.

Eles rastejaram pela floresta, silenciosos e cautelosos, lado a lado.

Buck folgte ihm auf den Fersen und beide blieben wachsam.

Buck seguiu em seus calcanhares, e ambos permaneceram alertas.

Ihre Ohren zuckten und bewegten sich, ihre Nasen schnüffelten in der Luft.

Suas orelhas se contraíam e se moviam, seus narizes farejavam o ar.

Der Mann konnte den Wald genauso gut hören und riechen wie Buck.

O homem conseguia ouvir e sentir o cheiro da floresta tão intensamente quanto Buck.

Der haarige Mann schwang sich mit plötzlicher Geschwindigkeit durch die Bäume.

O homem peludo passou por entre as árvores com velocidade repentina.

Er sprang von Ast zu Ast, ohne jemals den Halt zu verlieren.

Ele pulava de galho em galho, sem nunca errar o aperto.

Er bewegte sich über dem Boden genauso schnell wie auf ihm.

Ele se movia tão rápido acima do solo quanto sobre ele.

Buck erinnerte sich an lange Nächte, in denen er unter den Bäumen Wache hielt.

Buck se lembrava das longas noites sob as árvores, vigiando.

Der Mann schlief auf seiner Stange in den Zweigen und klammerte sich fest.

O homem dormia empoleirado nos galhos, agarrado com força.

Diese Vision des haarigen Mannes war eng mit dem tiefen Ruf verbunden.

Essa visão do homem peludo estava intimamente ligada ao chamado profundo.

Der Ruf klang noch immer mit eindringlicher Kraft durch den Wald.
O chamado ainda soava pela floresta com uma força assustadora.
Der Anruf erfüllte Buck mit Sehnsucht und einem rastlosen Gefühl der Freude.
O chamado encheu Buck de saudade e uma inquieta sensação de alegria.
Er spürte seltsame Triebe und Regungen, die er nicht benennen konnte.
Ele sentiu impulsos e agitações estranhas que não conseguia nomear.
Manchmal folgte er dem Ruf tief in die Stille des Waldes.
Às vezes ele seguia o chamado até as profundezas da floresta silenciosa.
Er suchte nach dem Ruf und bellte dabei leise oder scharf.
Ele procurou o chamado, latindo baixinho ou estridentemente enquanto avançava.
Er roch am Moos und der schwarzen Erde, wo die Gräser wuchsen.
Ele cheirou o musgo e a terra preta onde a grama crescia.
Er schnaubte entzückt über den reichen Geruch der tiefen Erde.
Ele bufou de prazer ao sentir os cheiros ricos da terra profunda.
Er hockte stundenlang hinter pilzbefallenen Baumstämmen.
Ele ficou agachado por horas atrás de troncos cobertos de fungos.
Er blieb still und lauschte mit großen Augen jedem noch so kleinen Geräusch.
Ele ficou parado, ouvindo com os olhos arregalados cada pequeno som.
Vielleicht hoffte er, das Wesen, das den Ruf auslöste, zu überraschen.
Ele pode ter esperado surpreender a coisa que deu o sinal.
Er wusste nicht, warum er so handelte – er tat es einfach.

Ele não sabia por que agia dessa maneira, ele simplesmente agia.
Die Triebe kamen aus der Tiefe, jenseits von Denken und Vernunft.
Os impulsos vinham de dentro, além do pensamento ou da razão.
Unwiderstehliche Triebe überkamen Buck ohne Vorwarnung oder Grund.
Desejos irresistíveis tomaram conta de Buck sem aviso ou razão.
Manchmal döste er träge im Lager in der Mittagshitze.
Às vezes ele cochilava preguiçosamente no acampamento sob o calor do meio-dia.
Plötzlich hob er den Kopf und stellte aufmerksam die Ohren auf.
De repente, sua cabeça se levantou e suas orelhas ficaram em alerta.
Dann sprang er auf und stürmte ohne Pause in die Wildnis.
Então ele saltou e correu para a natureza sem parar.
Er rannte stundenlang durch Waldwege und offene Flächen.
Ele correu por horas por trilhas na floresta e espaços abertos.
Er liebte es, trockenen Bachläufen zu folgen und Vögel in den Bäumen zu beobachten.
Ele adorava seguir leitos de riachos secos e espiar pássaros nas árvores.
Er könnte den ganzen Tag versteckt liegen und den Rebhühnern beim Herumstolzieren zusehen.
Ele poderia ficar escondido o dia todo, observando as perdizes passeando por ali.
Sie trommelten und marschierten, ohne Bucks Anwesenheit zu bemerken.
Eles tocaram tambores e marcharam, sem perceber a presença de Buck.
Doch am meisten liebte er das Laufen in der Sommerdämmerung.
Mas o que ele mais amava era correr no crepúsculo do verão.

Das schwache Licht und die schläfrigen Waldgeräusche erfüllten ihn mit Freude.
A luz fraca e os sons sonolentos da floresta o encheram de alegria.
Er las die Zeichen des Waldes so deutlich, wie ein Mann ein Buch liest.
Ele leu os sinais da floresta tão claramente quanto um homem lê um livro.
Und er suchte immer nach dem seltsamen Ding, das ihn rief.
E ele sempre procurou pela coisa estranha que o chamava.
Dieser Ruf hörte nie auf – er erreichte ihn im Wachzustand und im Schlaf.
Esse chamado nunca parou — ele o alcançava acordado ou dormindo.

Eines Nachts erwachte er mit einem Ruck, die Augen waren scharf und die Ohren gespitzt.
Certa noite, ele acordou assustado, com os olhos aguçados e as orelhas em pé.
Seine Nasenlöcher zuckten, während seine Mähne in Wellen sträubte.
Suas narinas se contraíram enquanto sua crina ficou eriçada em ondas.
Aus der Tiefe des Waldes ertönte erneut der alte Ruf.
Das profundezas da floresta veio o som novamente, o velho chamado.
Diesmal war der Ton klar und deutlich zu hören, ein langes, eindringliches, vertrautes Heulen.
Desta vez o som soou claramente, um uivo longo, assustador e familiar.
Es klang wie der Schrei eines Huskys, aber mit einem seltsamen und wilden Ton.
Era como o grito de um husky, mas com um tom estranho e selvagem.
Buck erkannte das Geräusch sofort – er hatte das genaue Geräusch vor langer Zeit gehört.

Buck reconheceu o som imediatamente — ele já tinha ouvido o som exato há muito tempo.
Er sprang durch das Lager und verschwand schnell im Wald.
Ele saltou pelo acampamento e desapareceu rapidamente na floresta.
Als er sich dem Geräusch näherte, wurde er langsamer und bewegte sich vorsichtig.
À medida que se aproximava do som, ele diminuiu o ritmo e se moveu com cuidado.
Bald erreichte er eine Lichtung zwischen dichten Kiefern.
Logo ele chegou a uma clareira entre densos pinheiros.
Dort saß aufrecht auf seinen Hinterbeinen ein großer, schlanker Timberwolf.
Ali, ereto sobre os calcanhares, estava sentado um lobo alto e magro.
Die Nase des Wolfes zeigte zum Himmel und hallte noch immer den Ruf wider.
O focinho do lobo apontou para o céu, ainda ecoando o chamado.
Buck hatte keinen Laut von sich gegeben, doch der Wolf blieb stehen und lauschte.
Buck não fez nenhum som, mas o lobo parou e escutou.
Der Wolf spürte etwas, spannte sich an und suchte die Dunkelheit ab.
Sentindo algo, o lobo ficou tenso, procurando na escuridão.
Buck schlich ins Blickfeld, mit gebeugtem Körper und ruhigen Füßen auf dem Boden.
Buck apareceu sorrateiramente, com o corpo abaixado e os pés quietos no chão.
Sein Schwanz war gerade, sein Körper vor Anspannung zusammengerollt.
Seu rabo estava reto, seu corpo estava tenso e encolhido.
Er zeigte sowohl eine bedrohliche als auch eine Art raue Freundschaft.
Ele demonstrou tanto ameaça quanto uma espécie de amizade rude.

Es war die vorsichtige Begrüßung, die wilde Tiere einander entgegenbrachten.
Era a saudação cautelosa compartilhada pelos animais selvagens.
Aber der Wolf drehte sich um und floh, sobald er Buck sah.
Mas o lobo se virou e fugiu assim que viu Buck.
Buck nahm die Verfolgung auf und sprang wild um sich, begierig darauf, es einzuholen.
Buck o perseguiu, saltando descontroladamente, ansioso para alcançá-lo.
Er folgte dem Wolf in einen trockenen Bach, der durch einen Holzstau blockiert war.
Ele seguiu o lobo até um riacho seco bloqueado por um congestionamento de madeira.
In die Enge getrieben, wirbelte der Wolf herum und blieb stehen.
Encurralado, o lobo girou e se manteve firme.
Der Wolf knurrte und schnappte wie ein gefangener Husky im Kampf.
O lobo rosnou e mordeu como um cão husky encurralado em uma briga.
Die Zähne des Wolfes klickten schnell, sein Körper strotzte vor wilder Wut.
Os dentes do lobo estalaram rapidamente, seu corpo eriçado de fúria selvagem.
Buck griff nicht an, sondern umkreiste den Wolf mit vorsichtiger Freundlichkeit.
Buck não atacou, mas circulou o lobo com cautelosa amizade.
Durch langsame, harmlose Bewegungen versuchte er, seine Flucht zu verhindern.
Ele tentou bloquear sua fuga com movimentos lentos e inofensivos.
Der Wolf war vorsichtig und verängstigt – Buck war dreimal so schwer wie er.
O lobo estava cauteloso e assustado — Buck era três vezes mais pesado que ele.

Der Kopf des Wolfes reichte kaum bis zu Bucks massiver Schulter.
A cabeça do lobo mal alcançava o enorme ombro de Buck.
Der Wolf hielt Ausschau nach einer Lücke, rannte los und die Jagd begann von neuem.
Observando uma brecha, o lobo disparou e a perseguição começou novamente.
Buck drängte ihn mehrere Male in die Enge und der Tanz wiederholte sich.
Várias vezes Buck o encurralou e a dança se repetiu.
Der Wolf war dünn und schwach, sonst hätte Buck ihn nicht fangen können.
O lobo era magro e fraco, ou Buck não o teria capturado.
Jedes Mal, wenn Buck näher kam, wirbelte der Wolf herum und sah ihn voller Angst an.
Cada vez que Buck se aproximava, o lobo girava e o encarava com medo.
Dann rannte er bei der ersten Gelegenheit erneut in den Wald.
Então, na primeira oportunidade, ele correu para a floresta mais uma vez.
Aber Buck gab nicht auf und schließlich fasste der Wolf Vertrauen zu ihm.
Mas Buck não desistiu e, finalmente, o lobo passou a confiar nele.
Er schnüffelte an Bucks Nase und die beiden wurden verspielt und aufmerksam.
Ele cheirou o nariz de Buck, e os dois ficaram brincalhões e alertas.
Sie spielten wie wilde Tiere, wild und doch schüchtern in ihrer Freude.
Eles brincavam como animais selvagens, ferozes, mas tímidos em sua alegria.
Nach einer Weile trabte der Wolf zielstrebig und ruhig davon.
Depois de um tempo, o lobo saiu trotando com calma e determinação.

Er machte Buck deutlich, dass er beabsichtigte, verfolgt zu werden.
Ele mostrou claramente a Buck que queria ser seguido.
Sie rannten Seite an Seite durch die Dämmerung.
Eles correram lado a lado na penumbra do crepúsculo.
Sie folgten dem Bachbett hinauf in die felsige Schlucht.
Eles seguiram o leito do riacho até o desfiladeiro rochoso.
Sie überquerten eine kalte Wasserscheide, wo der Bach entsprungen war.
Eles cruzaram uma divisão fria onde o riacho havia começado.
Am gegenüberliegenden Hang fanden sie ausgedehnte Wälder und viele Bäche.
Na encosta mais distante, eles encontraram uma ampla floresta e muitos riachos.
Durch dieses weite Land rannten sie stundenlang ohne Pause.
Por esta vasta terra, eles correram por horas sem parar.
Die Sonne stieg höher, die Luft wurde wärmer, aber sie rannten weiter.
O sol nasceu mais alto, o ar ficou mais quente, mas eles continuaram correndo.
Buck war voller Freude – er wusste, dass er seiner Berufung folgte.
Buck estava cheio de alegria, pois sabia que estava respondendo ao seu chamado.
Er rannte neben seinem Waldbruder her, näher an die Quelle des Rufs.
Ele correu ao lado de seu irmão da floresta, mais perto da fonte do chamado.
Alte Gefühle kehrten zurück, stark und schwer zu ignorieren.
Velhos sentimentos retornaram, poderosos e difíceis de ignorar.
Dies waren die Wahrheiten hinter den Erinnerungen aus seinen Träumen.
Essas eram as verdades por trás das memórias dos seus sonhos.

All dies hatte er schon einmal in einer fernen, schattenhaften Welt getan.
Ele já havia feito tudo isso antes em um mundo distante e sombrio.
Jetzt tat er es wieder und rannte wild herum, während der Himmel über ihm frei war.
Agora ele fez isso de novo, correndo solto com o céu aberto acima.
Sie hielten an einem Bach an, um aus dem kalten, fließenden Wasser zu trinken.
Eles pararam em um riacho para beber da água fria que corria.
Während er trank, erinnerte sich Buck plötzlich an John Thornton.
Enquanto bebia, Buck de repente se lembrou de John Thornton.
Er saß schweigend da, hin- und hergerissen zwischen der Anziehungskraft der Loyalität und der Berufung.
Ele sentou-se em silêncio, dilacerado pela atração da lealdade e do chamado.
Der Wolf trabte weiter, kam aber zurück, um Buck anzutreiben.
O lobo trotou, mas voltou para incitar Buck a avançar.
Er rümpfte die Nase und versuchte, ihn mit sanften Gesten zu beruhigen.
Ele cheirou o nariz e tentou persuadi-lo com gestos suaves.
Aber Buck drehte sich um und machte sich auf den Rückweg.
Mas Buck se virou e começou a retornar pelo mesmo caminho que veio.
Der Wolf lief lange Zeit neben ihm her und winselte leise.
O lobo correu ao lado dele por um longo tempo, ganindo baixinho.
Dann setzte er sich hin, hob die Nase und stieß ein langes Heulen aus.
Então ele se sentou, levantou o nariz e soltou um longo uivo.
Es war ein trauriger Schrei, der leiser wurde, als Buck wegging.

Era um grito triste, que foi diminuindo à medida que Buck se afastava.
Buck lauschte, als der Schrei langsam in der Stille des Waldes verklang.
Buck ouviu enquanto o som do grito desaparecia lentamente no silêncio da floresta.
John Thornton aß gerade zu Abend, als Buck ins Lager stürmte.
John Thornton estava jantando quando Buck invadiu o acampamento.
Buck sprang wild auf ihn zu, leckte, biss und warf ihn um.
Buck saltou sobre ele descontroladamente, lambendo, mordendo e derrubando-o.
Er warf ihn um, kletterte darauf und küsste sein Gesicht.
Ele o derrubou, subiu em cima dele e beijou seu rosto.
Thornton nannte dies liebevoll „den allgemeinen Narren spielen".
Thornton chamou isso de "bancar o bobo comum" com carinho.
Die ganze Zeit verfluchte er Buck sanft und schüttelte ihn hin und her.
Durante todo o tempo, ele amaldiçoava Buck gentilmente e o sacudia para frente e para trás.
Zwei ganze Tage und Nächte lang verließ Buck das Lager kein einziges Mal.
Durante dois dias e duas noites inteiras, Buck não saiu do acampamento nem uma vez.
Er blieb in Thorntons Nähe und ließ ihn nie aus den Augen.
Ele ficava perto de Thornton e nunca o perdia de vista.
Er folgte ihm bei der Arbeit und beobachtete ihn beim Essen.
Ele o seguia enquanto ele trabalhava e o observava enquanto ele comia.
Er begleitete Thornton abends in seine Decken und jeden Morgen wieder heraus.
Ele via Thornton enrolado em seus cobertores à noite e fora todas as manhãs.

Doch bald kehrte der Ruf des Waldes zurück, lauter als je zuvor.
Mas logo o chamado da floresta retornou, mais alto do que nunca.
Buck wurde wieder unruhig, aufgewühlt von Gedanken an den wilden Wolf.
Buck ficou inquieto novamente, agitado pelos pensamentos sobre o lobo selvagem.
Er erinnerte sich an das offene Land und daran, wie sie Seite an Seite gelaufen waren.
Ele se lembrou do terreno aberto e de correr lado a lado.
Er begann erneut, allein und wachsam in den Wald zu wandern.
Ele começou a vagar pela floresta mais uma vez, sozinho e alerta.
Aber der wilde Bruder kam nicht zurück und das Heulen war nicht zu hören.
Mas o irmão selvagem não retornou, e o uivo não foi ouvido.
Buck begann, draußen zu schlafen und blieb tagelang weg.
Buck começou a dormir do lado de fora, ficando fora por vários dias.
Einmal überquerte er die hohe Wasserscheide, wo der Bach entsprungen war.
Certa vez, ele cruzou a alta divisão onde o riacho havia começado.
Er betrat das Land des dunklen Waldes und der breiten, fließenden Ströme.
Ele entrou na terra das madeiras escuras e dos largos riachos.
Eine Woche lang streifte er umher und suchte nach Spuren seines wilden Bruders.
Por uma semana ele vagou, procurando por sinais do irmão selvagem.
Er tötete sein eigenes Fleisch und reiste mit langen, unermüdlichen Schritten.
Ele matou sua própria carne e viajou com passos longos e incansáveis.

Er fischte in einem breiten Fluss, der bis ins Meer reichte, nach Lachs.
Ele pescava salmão em um rio largo que chegava ao mar.
Dort kämpfte er gegen einen von Insekten verrückt gewordenen Schwarzbären und tötete ihn.
Lá, ele lutou e matou um urso preto enlouquecido por insetos.
Der Bär war beim Angeln und rannte blind durch die Bäume.
O urso estava pescando e correu cegamente entre as árvores.
Der Kampf war erbittert und weckte Bucks tiefen Kampfgeist.
A batalha foi feroz, despertando o profundo espírito de luta de Buck.
Als Buck zwei Tage später zurückkam, fand er Vielfraße an seiner Beute vor.
Dois dias depois, Buck retornou e encontrou carcajus em sua caça.
Ein Dutzend von ihnen stritten sich lautstark und wütend um das Fleisch.
Uma dúzia deles discutiu pela carne em fúria barulhenta.
Buck griff an und zerstreute sie wie Blätter im Wind.
Buck atacou e os dispersou como folhas ao vento.
Zwei Wölfe blieben zurück – still, leblos und für immer regungslos.
Dois lobos ficaram para trás — silenciosos, sem vida e imóveis para sempre.
Der Blutdurst wurde stärker denn je.
A sede de sangue ficou mais forte do que nunca.
Buck war ein Jäger, ein Killer, der sich von Lebewesen ernährte.
Buck era um caçador, um assassino, alimentando-se de criaturas vivas.
Er überlebte allein und verließ sich auf seine Kraft und seine scharfen Sinne.
Ele sobreviveu sozinho, confiando em sua força e sentidos aguçados.

Er gedieh in der Wildnis, wo nur die Zähesten überleben konnten.
Ele prosperou na natureza, onde somente os mais resistentes conseguiam sobreviver.
Daraus erwuchs ein großer Stolz, der Bucks ganzes Wesen erfüllte.
Disso surgiu um grande orgulho que preencheu todo o ser de Buck.
Sein Stolz war in jedem seiner Schritte und in der Anspannung jedes einzelnen Muskels zu erkennen.
Seu orgulho transparecia em cada passo, na ondulação de cada músculo.
Sein Stolz war so deutlich wie seine Sprache und spiegelte sich in seiner Haltung wider.
Seu orgulho era tão claro quanto a fala, visto na maneira cómo ele se portava.
Sogar sein dickes Fell sah majestätischer aus und glänzte heller.
Até mesmo seu pelo grosso parecia mais majestoso e brilhava mais.
Man hätte Buck mit einem riesigen Timberwolf verwechseln können.
Buck poderia ter sido confundido com um lobo gigante.
Außer dem Braun an seiner Schnauze und den Flecken über seinen Augen.
Exceto pelo marrom no focinho e manchas acima dos olhos.
Und der weiße Fellstreifen, der mitten auf seiner Brust verlief.
E a faixa branca de pelo que corria no meio do seu peito.
Er war sogar größer als der größte Wolf dieser wilden Rasse.
Ele era ainda maior que o maior lobo daquela raça feroz.
Sein Vater, ein Bernhardiner, verlieh ihm Größe und einen schweren Körperbau.
Seu pai, um São Bernardo, lhe deu tamanho e estrutura robusta.
Seine Mutter, eine Schäferin, formte diesen Körper zu einer wolfsähnlichen Gestalt.

Sua mãe, uma pastora, moldou aquele corpo em forma de lobo.
Er hatte die lange Schnauze eines Wolfes, war allerdings schwerer und breiter.
Ele tinha o focinho longo de um lobo, porém mais pesado e largo.
Sein Kopf war der eines Wolfes, aber von massiver, majestätischer Gestalt.
Sua cabeça era de lobo, mas construída em uma escala enorme e majestosa.
Bucks List war die List des Wolfes und der Wildnis.
A astúcia de Buck era a astúcia do lobo e da natureza.
Seine Intelligenz hat er sowohl vom Deutschen Schäferhund als auch vom Bernhardiner.
Sua inteligência veio tanto do pastor alemão quanto do São Bernardo.
All dies und harte Erfahrungen machten ihn zu einer furchterregenden Kreatur.
Tudo isso, somado a uma experiência difícil, fez dele uma criatura assustadora.
Er war so furchterregend wie jedes andere Tier, das in der Wildnis des Nordens umherstreifte.
Ele era tão formidável quanto qualquer animal que vagava pela natureza selvagem do norte.
Buck ernährte sich ausschließlich von Fleisch und erreichte den Höhepunkt seiner Kraft.
Vivendo apenas de carne, Buck atingiu o auge de sua força.
Jede Faser seines Körpers strotzte vor Kraft und männlicher Stärke.
Ele transbordava poder e força masculina em cada fibra dele.
Als Thornton seinen Rücken streichelte, funkelten seine Haare vor Energie.
Quando Thornton acariciou suas costas, os pelos brilharam com energia.
Jedes Haar knisterte, aufgeladen durch die Berührung lebendigen Magnetismus.

Cada fio de cabelo estalava, carregado com o toque do magnetismo vivo.

Sein Körper und sein Gehirn waren auf die höchstmögliche Tonhöhe eingestellt.

Seu corpo e cérebro estavam sintonizados na melhor afinação possível.

Jeder Nerv, jede Faser und jeder Muskel arbeitete in perfekter Harmonie.

Cada nervo, fibra e músculo funcionava em perfeita harmonia.

Auf jedes Geräusch oder jeden Anblick, der eine Aktion erforderte, reagierte er sofort.

A qualquer som ou visão que exigisse ação, ele respondia instantaneamente.

Wenn ein Husky zum Angriff ansetzte, konnte Buck doppelt so schnell springen.

Se um husky saltasse para atacar, Buck poderia saltar duas vezes mais rápido.

Er reagierte schneller, als andere es sehen oder hören konnten.

Ele reagiu mais rápido do que os outros poderiam ver ou ouvir.

Wahrnehmung, Entscheidung und Handlung erfolgten alle in einem fließenden Moment.

Percepção, decisão e ação aconteceram em um momento fluido.

Tatsächlich geschahen diese Handlungen getrennt voneinander, aber zu schnell, um es zu bemerken.

Na verdade, esses atos foram separados, mas rápidos demais para serem notados.

Die Abstände zwischen diesen Akten waren so kurz, dass sie wie ein einziger Akt wirkten.

Tão breves eram os intervalos entre esses atos, que eles pareciam um só.

Seine Muskeln und sein Körper waren wie straff gespannte Federn.

Seus músculos e seu ser eram como molas firmemente enroladas.

Sein Körper strotzte vor Leben, wild und freudig in seiner Kraft.
Seu corpo transbordava de vida, selvagem e alegre em seu poder.
Manchmal hatte er das Gefühl, als würde die Kraft völlig aus ihm herausbrechen.
Às vezes ele sentia como se a força fosse explodir completamente para fora dele.
„So einen Hund hat es noch nie gegeben", sagte Thornton eines ruhigen Tages.
"Nunca existiu um cachorro assim", disse Thornton em um dia tranquilo.
Die Partner sahen zu, wie Buck stolz aus dem Lager schritt.
Os parceiros observaram Buck saindo orgulhosamente do acampamento.
„Als er erschaffen wurde, veränderte er, was ein Hund sein kann", sagte Pete.
"Quando ele foi criado, ele mudou o que um cachorro pode ser", disse Pete.
„Bei Gott! Das glaube ich auch", stimmte Hans schnell zu.
"Por Jesus! Eu também acho", Hans concordou rapidamente.
Sie sahen ihn abmarschieren, aber nicht die Veränderung, die danach kam.
Eles o viram partir, mas não a mudança que veio depois.
Sobald er den Wald betrat, verwandelte sich Buck völlig.
Assim que entrou na floresta, Buck se transformou completamente.
Er marschierte nicht mehr, sondern bewegte sich wie ein wilder Geist zwischen den Bäumen.
Ele não marchava mais, mas se movia como um fantasma selvagem entre as árvores.
Er wurde still, katzenpfotenartig, ein Flackern, das durch die Schatten huschte.
Ele ficou em silêncio, com passos de gato, um lampejo passando pelas sombras.
Er nutzte die Deckung geschickt und kroch wie eine Schlange auf dem Bauch.

Ele usava cobertura com habilidade, rastejando de barriga como uma cobra.
Und wie eine Schlange konnte er lautlos nach vorne springen und zuschlagen.
E como uma cobra, ele podia saltar para frente e atacar em silêncio.
Er könnte ein Schneehuhn direkt aus seinem versteckten Nest stehlen.
Ele poderia roubar uma perdiz-branca diretamente de seu ninho escondido.
Er tötete schlafende Kaninchen, ohne ein einziges Geräusch zu machen.
Ele matou coelhos adormecidos sem fazer nenhum barulho.
Er konnte Streifenhörnchen mitten in der Luft fangen, wenn sie zu langsam flohen.
Ele conseguia pegar esquilos no ar, pois eles fugiam muito devagar.
Selbst Fische in Teichen konnten seinen plötzlichen Angriffen nicht entkommen.
Nem mesmo os peixes nos lagos conseguiram escapar de seus ataques repentinos.
Nicht einmal schlaue Biber, die Dämme reparierten, waren vor ihm sicher.
Nem mesmo os castores espertos que consertavam represas estavam a salvo dele.
Er tötete, um Nahrung zu bekommen, nicht zum Spaß – aber seine eigene Beute gefiel ihm am besten.
Ele matava por comida, não por diversão, mas gostava mais de suas próprias presas.
Dennoch war bei manchen seiner stillen Jagden ein hintergründiger Humor spürbar.
Ainda assim, um humor astuto permeava algumas de suas caçadas silenciosas.
Er schlich sich dicht an Eichhörnchen heran, ließ sie aber dann entkommen.
Ele se aproximou dos esquilos, apenas para deixá-los escapar.

Sie wollten in die Bäume fliehen und schnatterten voller Angst und Empörung.
Eles iriam fugir para as árvores, tagarelando com medo e indignação.
Mit dem Herbst kamen immer mehr Elche.
Com a chegada do outono, os alces começaram a aparecer em maior número.
Sie zogen langsam in die tiefer gelegenen Täler, um dem Winter entgegenzukommen.
Eles se moveram lentamente em direção aos vales baixos para enfrentar o inverno.
Buck hatte bereits ein junges, streunendes Kalb erlegt.
Buck já havia abatido um bezerro jovem e perdido.
Doch er sehnte sich danach, einer größeren, gefährlicheren Beute gegenüberzutreten.
Mas ele ansiava por enfrentar presas maiores e mais perigosas.
Eines Tages fand er an der Wasserscheide, an der Quelle des Baches, seine Chance.
Um dia, na divisão, na nascente do riacho, ele encontrou sua chance.
Eine Herde von zwanzig Elchen war aus bewaldeten Gebieten herübergekommen.
Uma manada de vinte alces havia cruzado as terras florestais.
Unter ihnen war ein mächtiger Stier, der Anführer der Gruppe.
Entre eles estava um touro poderoso; o líder do grupo.
Der Bulle war über ein Meter achtzig Meter groß und sah grimmig und wild aus.
O touro tinha mais de 1,80 m de altura e parecia feroz e selvagem.
Er warf sein breites Geweih hin und her, dessen vierzehn Enden sich nach außen verzweigten.
Ele jogou seus chifres largos, quatorze pontas ramificadas para fora.
Die Spitzen dieser Geweihe hatten einen Durchmesser von sieben Fuß.

As pontas desses chifres tinham mais de dois metros de largura.
Seine kleinen Augen brannten vor Wut, als er Buck in der Nähe entdeckte.
Seus olhinhos ardiam de raiva quando ele avistou Buck por perto.
Er stieß ein wütendes Brüllen aus und zitterte vor Wut und Schmerz.
Ele soltou um rugido furioso, tremendo de fúria e dor.
Nahe seiner Flanke ragte eine gefiederte und scharfe Pfeilspitze hervor.
Uma ponta de flecha, pontuda e afiada, projetava-se perto de seu flanco.
Diese Wunde trug dazu bei, seine wilde, verbitterte Stimmung zu erklären.
Essa ferida ajudou a explicar seu humor selvagem e amargo.
Buck, geleitet von seinem uralten Jagdinstinkt, machte seinen Zug.
Buck, guiado por um antigo instinto de caça, fez seu movimento.
Sein Ziel war es, den Bullen vom Rest der Herde zu trennen.
Ele tentou separar o touro do resto do rebanho.
Dies war keine leichte Aufgabe – es erforderte Schnelligkeit und messerscharfe List.
Não foi uma tarefa fácil: exigiu rapidez e muita astúcia.
Er bellte und tanzte in der Nähe des Stiers, gerade außerhalb seiner Reichweite.
Ele latiu e dançou perto do touro, fora do alcance.
Der Elch stürzte sich mit riesigen Hufen und tödlichem Geweih auf ihn.
O alce atacou com cascos enormes e chifres mortais.
Ein Schlag hätte Bucks Leben im Handumdrehen beenden können.
Um golpe poderia ter acabado com a vida de Buck num piscar de olhos.
Der Stier konnte die Bedrohung nicht hinter sich lassen und wurde wütend.

Incapaz de deixar a ameaça para trás, o touro ficou furioso.
Er stürmte wütend auf ihn zu, doch Buck entkam ihm jedes Mal.
Ele atacou com fúria, mas Buck sempre escapava.
Buck täuschte Schwäche vor und lockte ihn weiter von der Herde weg.
Buck fingiu fraqueza, atraindo-o para mais longe do rebanho.
Doch die jungen Bullen wollten zurückstürmen, um den Anführer zu beschützen.
Mas os touros jovens iriam revidar para proteger o líder.
Sie zwangen Buck zum Rückzug und den Bullen, sich wieder der Gruppe anzuschließen.
Eles forçaram Buck a recuar e o touro a se juntar ao grupo.
In der Wildnis herrscht eine tiefe und unaufhaltsame Geduld.
Há uma paciência na natureza, profunda e imparável.
Eine Spinne wartet unzählige Stunden bewegungslos in ihrem Netz.
Uma aranha espera imóvel em sua teia por incontáveis horas.
Eine Schlange rollt sich ohne zu zucken zusammen und wartet, bis es Zeit ist.
Uma cobra se enrola sem se mexer e espera até que seja a hora.
Ein Panther liegt auf der Lauer, bis der Moment gekommen ist.
Uma pantera fica à espreita, até que o momento chega.
Dies ist die Geduld von Raubtieren, die jagen, um zu überleben.
Essa é a paciência dos predadores que caçam para sobreviver.
Dieselbe Geduld brannte in Buck, als er in seiner Nähe blieb.
Essa mesma paciência queimava dentro de Buck enquanto ele ficava por perto.
Er blieb in der Nähe der Herde, verlangsamte ihren Marsch und schürte Angst.
Ele permaneceu perto do rebanho, diminuindo a marcha e provocando medo.

Er ärgerte die jungen Bullen und schikanierte die Mutterkühe.
Ele provocava os touros jovens e assediava as vacas mães.
Er trieb den verwundeten Stier in eine noch tiefere, hilflose Wut.
Ele levou o touro ferido a uma fúria mais profunda e impotente.
Einen halben Tag lang zog sich der Kampf ohne Pause hin.
Durante meio dia, a luta se arrastou sem nenhum descanso.
Buck griff aus jedem Winkel an, schnell und wild wie der Wind.
Buck atacou de todos os ângulos, rápido e feroz como o vento.
Er hinderte den Stier daran, sich auszuruhen oder sich bei seiner Herde zu verstecken.
Ele impediu que o touro descansasse ou se escondesse com seu rebanho.
Buck zermürbte den Willen des Elchs schneller als seinen Körper.
Buck desgastou a vontade do alce mais rápido que seu corpo.
Der Tag verging und die Sonne sank tief am nordwestlichen Himmel.
O dia passou e o sol se pôs no céu noroeste.
Die jungen Bullen kehrten langsamer zurück, um ihrem Anführer zu helfen.
Os touros jovens retornaram mais lentamente para ajudar seu líder.
Die Herbstnächte waren zurückgekehrt und die Dunkelheit dauerte nun sechs Stunden.
As noites de outono retornaram e a escuridão agora durava seis horas.
Der Winter drängte sie bergab in sicherere, wärmere Täler.
O inverno os estava empurrando ladeira abaixo em direção a vales mais seguros e quentes.
Aber sie konnten dem Jäger, der sie zurückhielt, immer noch nicht entkommen.
Mas eles ainda não conseguiam escapar do caçador que os segurava.

Es stand nur ein Leben auf dem Spiel – nicht das der Herde, sondern nur das ihres Anführers.
Apenas uma vida estava em jogo: não a do rebanho, apenas a do seu líder.

Dadurch wurde die Bedrohung in weite Ferne gerückt und ihre dringende Sorge wurde aufgehoben.
Isso fez com que a ameaça fosse distante e não uma preocupação urgente.

Mit der Zeit akzeptierten sie diesen Preis und überließen Buck die Übernahme des alten Bullen.
Com o tempo, eles aceitaram esse custo e deixaram Buck levar o velho touro.

Als die Dämmerung hereinbrach, stand der alte Bulle mit gesenktem Kopf da.
Quando o crepúsculo chegou, o velho touro ficou com a cabeça baixa.

Er sah zu, wie die Herde, die er geführt hatte, im schwindenden Licht verschwand.
Ele observou o rebanho que havia liderado desaparecer na luz que se apagava.

Es gab Kühe, die er gekannt hatte, Kälber, deren Vater er einst gewesen war.
Havia vacas que ele conheceu, bezerros que ele gerou.

Es gab jüngere Bullen, gegen die er in vergangenen Saisons gekämpft und die er beherrscht hatte.
Havia touros mais jovens com quem ele lutou e governou em temporadas passadas.

Er konnte ihnen nicht folgen, denn vor ihm kauerte Buck wieder.
Ele não pôde segui-los, pois Buck estava agachado novamente diante dele.

Der gnadenlose Schrecken mit den Reißzähnen versperrte ihm jeden Weg.
O terror implacável das presas bloqueava todos os caminhos que ele poderia tomar.

Der Bulle brachte mehr als drei Zentner geballte Kraft auf die Waage.

O touro pesava mais de trezentos quilos de poder denso.
Er hatte ein langes Leben geführt und in einer Welt voller Kämpfe hart gekämpft.
Ele viveu muito e lutou muito em um mundo de lutas.
Doch nun, am Ende, kam der Tod von einem Tier, das weit unter ihm stand.
Mas agora, no final, a morte veio de uma fera muito abaixo dele.
Bucks Kopf erreichte nicht einmal die riesigen, mit Knöcheln besetzten Knie des Bullen.
A cabeça de Buck nem sequer chegou aos enormes joelhos do touro.
Von diesem Moment an blieb Buck Tag und Nacht bei dem Bullen.
Daquele momento em diante, Buck ficou com o touro dia e noite.
Er gönnte ihm keine Ruhe, erlaubte ihm nie zu grasen oder zu trinken.
Ele nunca lhe deu descanso, nunca lhe permitiu pastar ou beber.
Der Stier versuchte, junge Birkentriebe und Weidenblätter zu fressen.
O touro tentou comer brotos de bétula e folhas de salgueiro.
Aber Buck verjagte ihn, immer wachsam und immer angreifend.
Mas Buck o expulsou, sempre alerta e sempre atacando.
Sogar an plätschernden Bächen blockte Buck jeden durstigen Versuch ab.
Mesmo em riachos caudalosos, Buck bloqueava todas as tentativas sedentas.
Manchmal floh der Stier aus Verzweiflung mit voller Geschwindigkeit.
Às vezes, em desespero, o touro fugia a toda velocidade.
Buck ließ ihn laufen und lief ruhig direkt hinter ihm her, nie weit entfernt.
Buck o deixou correr, caminhando calmamente logo atrás, nunca muito longe.

Als der Elch innehielt, legte sich Buck hin, blieb aber bereit.
Quando o alce parou, Buck deitou-se, mas permaneceu pronto.
Wenn der Bulle versuchte zu fressen oder zu trinken, schlug Buck mit voller Wut zu.
Se o touro tentasse comer ou beber, Buck atacava com fúria total.
Der große Kopf des Stiers sank tiefer unter sein gewaltiges Geweih.
A grande cabeça do touro pendia mais para baixo sob seus enormes chifres.
Sein Tempo verlangsamte sich, der Trab wurde schwerfällig, ein stolpernder Schritt.
Seu passo diminuiu, o trote se tornou pesado, um andar cambaleante.
Er stand oft still mit hängenden Ohren und der Nase am Boden.
Ele frequentemente ficava parado com as orelhas caídas e o focinho no chão.
In diesen Momenten nahm sich Buck Zeit zum Trinken und Ausruhen.
Durante esses momentos, Buck tirou um tempo para beber e descansar.
Mit heraushängender Zunge und starrem Blick spürte Buck, wie sich das Land veränderte.
Com a língua para fora e os olhos fixos, Buck sentiu que a terra estava mudando.
Er spürte, wie sich etwas Neues durch den Wald und den Himmel bewegte.
Ele sentiu algo novo se movendo pela floresta e pelo céu.
Mit der Rückkehr der Elche kehrten auch andere Wildtiere zurück.
Com o retorno dos alces, outras criaturas selvagens também retornaram.
Das Land fühlte sich lebendig an, mit einer Präsenz, die man nicht sieht, aber deutlich wahrnimmt.

A terra parecia viva e presente, invisível, mas fortemente conhecida.

Buck wusste dies weder am Geräusch, noch am Anblick oder am Geruch.

Não foi pelo som, pela visão ou pelo cheiro que Buck soube disso.

Ein tieferes Gefühl sagte ihm, dass neue Kräfte im Gange waren.

Um senso mais profundo lhe dizia que novas forças estavam em movimento.

In den Wäldern und entlang der Bäche herrschte seltsames Leben.

Vida estranha agitava-se nas florestas e ao longo dos riachos.

Er beschloss, diesen Geist zu erforschen, nachdem die Jagd beendet war.

Ele resolveu explorar esse espírito depois que a caçada terminasse.

Am vierten Tag erlegte Buck endlich den Elch.

No quarto dia, Buck finalmente derrubou o alce.

Er blieb einen ganzen Tag und eine ganze Nacht bei der Beute, fraß und ruhte sich aus.

Ele ficou perto da presa por um dia e uma noite inteiros, alimentando-se e descansando.

Er aß, schlief dann und aß dann wieder, bis er stark und satt war.

Ele comeu, depois dormiu, depois comeu novamente, até ficar forte e satisfeito.

Als er fertig war, kehrte er zum Lager und nach Thornton zurück.

Quando ele estava pronto, ele voltou para o acampamento e para Thornton.

Mit gleichmäßigem Tempo begann er die lange Heimreise.

Com ritmo constante, ele começou a longa jornada de volta para casa.

Er rannte in seinem unermüdlichen Galopp Stunde um Stunde, ohne auch nur ein einziges Mal vom Weg abzukommen.

Ele correu em seu passo incansável, hora após hora, sem nunca se desviar.
Durch unbekannte Länder bewegte er sich schnurgerade wie eine Kompassnadel.
Por terras desconhecidas, ele se moveu em linha reta como a agulha de uma bússola.
Sein Orientierungssinn ließ Mensch und Karte im Vergleich schwach erscheinen.
Seu senso de direção fazia o homem e o mapa parecerem fracos em comparação.
Während Buck rannte, spürte er die Bewegung in der Wildnis stärker.
Enquanto Buck corria, ele sentia cada vez mais a agitação na terra selvagem.
Es war eine neue Art zu leben, anders als in den ruhigen Sommermonaten.
Era um novo tipo de vida, diferente daquela dos calmos meses de verão.
Dieses Gefühl kam nicht länger als subtile oder entfernte Botschaft.
Esse sentimento não vinha mais como uma mensagem sutil ou distante.
Nun sprachen die Vögel von diesem Leben und Eichhörnchen plapperten darüber.
Agora os pássaros falavam desta vida, e os esquilos tagarelavam sobre ela.
Sogar die Brise flüsterte Warnungen durch die stillen Bäume.
Até a brisa sussurrava avisos através das árvores silenciosas.
Mehrmals blieb er stehen und schnupperte die frische Morgenluft.
Várias vezes ele parou e cheirou o ar fresco da manhã.
Dort las er eine Nachricht, die ihn schneller nach vorne springen ließ.
Ele leu uma mensagem ali que o fez avançar mais rápido.
Ein starkes Gefühl der Gefahr erfüllte ihn, als wäre etwas schiefgelaufen.

Uma forte sensação de perigo o preencheu, como se algo tivesse dado errado.
Er befürchtete, dass ein Unglück bevorstünde – oder bereits eingetreten war.
Ele temia que a calamidade estivesse chegando — ou já tivesse chegado.
Er überquerte den letzten Bergrücken und betrat das darunterliegende Tal.
Ele cruzou a última crista e entrou no vale abaixo.
Er bewegte sich langsamer und war bei jedem Schritt aufmerksamer und vorsichtiger.
Ele se movia mais lentamente, alerta e cauteloso a cada passo.
Drei Meilen weiter fand er eine frische Spur, die ihn erstarren ließ.
Três milhas depois, ele encontrou uma trilha nova que o fez ficar tenso.
Die Haare in seinem Nacken stellten sich auf und sträubten sich vor Schreck.
Os pelos do seu pescoço se arrepiaram e se agitaram em alarme.
Die Spur führte direkt zum Lager, wo Thornton wartete.
A trilha levava direto para o acampamento onde Thornton esperava.
Buck bewegte sich jetzt schneller, seine Schritte waren lautlos und schnell zugleich.
Buck se movia mais rápido agora, seus passos eram silenciosos e rápidos.
Seine Nerven lagen blank, als er Zeichen las, die andere übersehen würden.
Seus nervos ficaram tensos ao perceber sinais que os outros não perceberiam.
Jedes Detail der Spur erzählte eine Geschichte – außer dem letzten Stück.
Cada detalhe da trilha contava uma história, exceto o pedaço final.
Seine Nase erzählte ihm von dem Leben, das hier vorbeigezogen war.

Seu nariz lhe contava sobre a vida que havia passado por ali.
Der Duft vermittelte ihm ein wechselndes Bild, als er dicht hinter ihm folgte.
O cheiro lhe deu uma imagem mutável enquanto ele o seguia de perto.
Doch im Wald selbst war es still geworden, unnatürlich still.
Mas a floresta em si ficou quieta; estranhamente parada.
Die Vögel waren verschwunden, die Eichhörnchen hatten sich versteckt, waren still und ruhig.
Os pássaros desapareceram, os esquilos estavam escondidos, silenciosos e imóveis.
Er sah nur ein einziges Grauhörnchen, das flach auf einem toten Baum lag.
Ele viu apenas um esquilo cinza, deitado em uma árvore morta.
Das Eichhörnchen fügte sich steif und reglos in den Wald ein.
O esquilo se misturou, rígido e imóvel como uma parte da floresta.
Buck bewegte sich wie ein Schatten, lautlos und sicher durch die Bäume.
Buck se movia como uma sombra, silenciosa e segura, através das árvores.
Seine Nase zuckte zur Seite, als würde sie von einer unsichtbaren Hand gezogen.
Seu nariz se moveu para o lado como se tivesse sido puxado por uma mão invisível.
Er drehte sich um und folgte der neuen Spur tief in ein Dickicht hinein.
Ele se virou e seguiu o novo cheiro em direção ao interior de um matagal.
Dort fand er Nig tot daliegend, von einem Pfeil durchbohrt.
Lá ele encontrou Nig, morto, atravessado por uma flecha.
Der Schaft durchdrang seinen Körper, die Federn waren noch zu sehen.
A flecha atravessou seu corpo, deixando as penas ainda visíveis.

Nig hatte sich dorthin geschleppt, war jedoch gestorben, bevor er Hilfe erreichen konnte.
Nig se arrastou até lá, mas morreu antes de conseguir ajuda.
Hundert Meter weiter fand Buck einen weiteren Schlittenhund.
Cem metros mais adiante, Buck encontrou outro cão de trenó.
Es war ein Hund, den Thornton in Dawson City gekauft hatte.
Era um cachorro que Thornton havia comprado em Dawson City.
Der Hund befand sich in einem tödlichen Kampf und schlug heftig auf dem Weg um sich.
O cachorro estava em uma luta mortal, se debatendo com força na trilha.
Buck ging um ihn herum, blieb nicht stehen und richtete den Blick nach vorne.
Buck passou ao redor dele, sem parar, com os olhos fixos à frente.
Aus Richtung des Lagers ertönte in der Ferne ein rhythmischer Gesang.
Da direção do acampamento veio um canto distante e rítmico.
Die Stimmen schwoll in einem seltsamen, unheimlichen Singsangton an und ab.
As vozes subiam e desciam num tom estranho, sinistro e cantante.
Buck kroch schweigend zum Rand der Lichtung.
Buck rastejou até a borda da clareira em silêncio.
Dort sah er Hans mit dem Gesicht nach unten liegen, von vielen Pfeilen durchbohrt.
Lá ele viu Hans deitado de bruços, perfurado por muitas flechas.
Sein Körper sah aus wie der eines Stachelschweins und war mit gefiederten Schäften bestückt.
Seu corpo parecia o de um porco-espinho, eriçado de penas.
Im selben Moment blickte Buck in Richtung der zerstörten Hütte.
No mesmo momento, Buck olhou para a cabana em ruínas.

Bei diesem Anblick stellten sich ihm die Nacken- und Schulterhaare auf.
A visão fez os cabelos de seu pescoço e ombros se arrepiarem.
Ein Sturm wilder Wut durchfuhr Bucks ganzen Körper.
Uma tempestade de raiva selvagem percorreu todo o corpo de Buck.
Er knurrte laut, obwohl er nicht wusste, dass er es getan hatte.
Ele rosnou alto, embora não soubesse que tinha feito isso.
Der Klang war rau, erfüllt von furchterregender, wilder Wut.
O som era cru, cheio de uma fúria terrível e selvagem.
Zum letzten Mal in seinem Leben verlor Buck den Verstand und die Gefühle.
Pela última vez na vida, Buck perdeu a razão para as emoções.
Es war die Liebe zu John Thornton, die seine sorgfältige Kontrolle brach.
Foi o amor por John Thornton que quebrou seu controle cuidadoso.
Die Yeehats tanzten um die zerstörte Fichtenhütte.
Os Yeehats estavam dançando ao redor do chalé de abetos destruído.
Dann ertönte ein Brüllen – und ein unbekanntes Tier stürmte auf sie zu.
Então ouviu-se um rugido, e uma fera desconhecida avançou em direção a eles.
Es war Buck, eine aufbrausende Furie, ein lebendiger Sturm der Rache.
Era Buck; uma fúria em movimento; uma tempestade viva de vingança.
Wahnsinnig vor Tötungsdrang stürzte er sich mitten unter sie.
Ele se jogou no meio deles, louco pela necessidade de matar.
Er sprang auf den ersten Mann, den Yeehat-Häuptling, und traf zielsicher.
Ele saltou sobre o primeiro homem, o chefe Yeehat, e acertou em cheio.

Seine Kehle war aufgerissen und Blut spritzte in einem Strom.
Sua garganta foi aberta e o sangue jorrou num jato.
Buck blieb nicht stehen, sondern riss dem nächsten Mann mit einem Sprung die Kehle durch.
Buck não parou, mas rasgou a garganta do próximo homem com um salto.
Er war nicht aufzuhalten – er riss, schlug und machte nie eine Pause, um sich auszuruhen.
Ele era imparável — rasgando, cortando, sem nunca parar para descansar.
Er schoss und sprang so schnell, dass ihre Pfeile ihn nicht treffen konnten.
Ele disparou e saltou tão rápido que as flechas não conseguiram atingi-lo.
Die Yeehats waren in ihrer eigenen Panik und Verwirrung gefangen.
Os Yeehats estavam presos em seu próprio pânico e confusão.
Ihre Pfeile verfehlten Buck und trafen stattdessen einander.
As flechas deles erraram Buck e atingiram umas às outras.
Ein Jugendlicher warf einen Speer nach Buck und traf einen anderen Mann.
Um jovem atirou uma lança em Buck e atingiu outro homem.
Der Speer durchbohrte seine Brust und die Spitze durchbohrte seinen Rücken.
A lança atravessou seu peito e a ponta perfurou suas costas.
Die Yeehats wurden von Panik erfasst und zogen sich umgehend zurück.
O terror tomou conta dos Yeehats e eles começaram a recuar completamente.
Sie schrien vor dem bösen Geist und flohen in die Schatten des Waldes.
Eles gritaram sobre o Espírito Maligno e fugiram para as sombras da floresta.
Buck war wirklich wie ein Dämon, als er die Yeehats jagte.
De fato, Buck era como um demônio enquanto perseguia os Yeehats.

Er raste hinter ihnen durch den Wald her und erlegte sie wie Rehe.
Ele correu atrás deles pela floresta, derrubando-os como veados.
Für die verängstigten Yeehats wurde es ein Tag des Schicksals und des Terrors.
Tornou-se um dia de destino e terror para os assustados Yeehats.
Sie zerstreuten sich über das Land und flohen in alle Richtungen.
Eles se espalharam pela terra, fugindo em todas as direções.
Eine ganze Woche verging, bevor sich die letzten Überlebenden in einem Tal trafen.
Uma semana inteira se passou antes que os últimos sobreviventes se encontrassem em um vale.
Erst dann zählten sie ihre Verluste und sprachen über das Geschehene.
Só então eles contaram suas perdas e falaram sobre o que aconteceu.
Nachdem Buck die Jagd satt hatte, kehrte er zum zerstörten Lager zurück.
Buck, cansado da perseguição, retornou ao acampamento em ruínas.
Er fand Pete, noch in seine Decken gehüllt, getötet beim ersten Angriff.
Ele encontrou Pete, ainda em seus cobertores, morto no primeiro ataque.
Spuren von Thorntons letztem Kampf waren im Dreck in der Nähe zu sehen.
Sinais da última luta de Thornton estavam marcados na terra próxima.
Buck folgte jeder Spur und erschnüffelte jede Markierung bis zum letzten Punkt.
Buck seguiu cada rastro, farejando cada marca até um ponto final.
Am Rand eines tiefen Teichs fand er den treuen Skeet, der still dalag.

Na beira de um poço fundo, ele encontrou o fiel Skeet, deitado e imóvel.

Skeets Kopf und Vorderpfoten lagen regungslos im Wasser, er lag tot da.

A cabeça e as patas dianteiras de Skeet estavam na água, imóveis na morte.

Der Teich war schlammig und durch das Abwasser aus den Schleusenkästen verunreinigt.

A piscina estava lamacenta e contaminada com o escoamento das caixas de comportas.

Seine trübe Oberfläche verbarg, was darunter lag, aber Buck kannte die Wahrheit.

Sua superfície nublada escondia o que havia por baixo, mas Buck sabia a verdade.

Er folgte Thorntons Spur bis in den Pool – doch die Spur führte nirgendwo anders hin.

Ele seguiu o cheiro de Thornton até a piscina, mas o cheiro não levou a nenhum outro lugar.

Es gab keinen Geruch, der hinausführte – nur die Stille des tiefen Wassers.

Não havia nenhum cheiro vindo de fora — apenas o silêncio das águas profundas.

Den ganzen Tag blieb Buck in der Nähe des Teichs und ging voller Trauer im Lager auf und ab.

Buck ficou o dia todo perto da piscina, andando de um lado para o outro no acampamento, sentindo-se triste.

Er wanderte ruhelos umher oder saß regungslos da, in tiefe Gedanken versunken.

Ele vagava inquieto ou sentava-se em silêncio, perdido em pensamentos pesados.

Er kannte den Tod, das Ende des Lebens, das Verschwinden aller Bewegung.

Ele conhecia a morte; o fim da vida; o desaparecimento de todo movimento.

Er verstand, dass John Thornton weg war und nie wieder zurückkehren würde.

Ele entendeu que John Thornton havia partido e nunca mais retornaria.
Der Verlust hinterließ eine Leere in ihm, die wie Hunger pochte.
A perda deixou um vazio nele que pulsava como fome.
Doch dieser Hunger konnte durch Essen nicht gestillt werden, egal, wie viel er aß.
Mas essa era uma fome que a comida não conseguia saciar, não importava o quanto ele comesse.
Manchmal, wenn er die toten Yeehats ansah, ließ der Schmerz nach.
Às vezes, quando ele olhava para os Yeehats mortos, a dor desaparecia.
Und dann stieg ein seltsamer Stolz in ihm auf, wild und vollkommen.
E então um estranho orgulho surgiu dentro dele, feroz e completo.
Er hatte den Menschen getötet, das höchste und gefährlichste Wild von allen.
Ele havia matado o homem, o jogo mais elevado e perigoso de todos.
Er hatte unter Missachtung des alten Gesetzes von Keule und Reißzahn getötet.
Ele matou desafiando a antiga lei da clava e das presas.
Buck schnüffelte neugierig und nachdenklich an ihren leblosen Körpern.
Buck cheirou seus corpos sem vida, curioso e pensativo.
Sie waren so leicht gestorben – viel leichter als ein Husky in einem Kampf.
Eles morreram tão facilmente — muito mais facilmente do que um husky em uma luta.
Ohne ihre Waffen waren sie weder wirklich stark noch stellten sie eine Bedrohung dar.
Sem suas armas, eles não tinham força ou ameaça verdadeira.
Buck würde sie nie wieder fürchten, es sei denn, sie wären bewaffnet.

Buck nunca mais teria medo deles, a menos que estivessem armados.
Nur wenn sie Keulen, Speere oder Pfeile trugen, war er vorsichtig.
Somente quando eles carregavam porretes, lanças ou flechas ele tomava cuidado.

Die Nacht brach herein und ein Vollmond stieg hoch über die Baumwipfel.
A noite caiu e a lua cheia surgiu bem acima do topo das árvores.
Das blasse Licht des Mondes tauchte das Land in einen sanften, geisterhaften Schein wie am Tag.
A luz pálida da lua banhava a terra com um brilho suave e fantasmagórico, como o dia.
Als die Nacht hereinbrach, trauerte Buck noch immer am stillen Teich.
À medida que a noite avançava, Buck ainda lamentava na piscina silenciosa.
Dann bemerkte er eine andere Regung im Wald.
Então ele percebeu uma agitação diferente na floresta.
Die Aufregung kam nicht von den Yeehats, sondern von etwas Älterem und Tieferem.
A agitação não veio dos Yeehats, mas de algo mais antigo e profundo.
Er stand auf, spitzte die Ohren und prüfte vorsichtig mit der Nase die Brise.
Ele se levantou, com as orelhas erguidas e o nariz testando a brisa com cuidado.
Aus der Ferne ertönte ein schwacher, scharfer Aufschrei, der die Stille durchbrach.
De muito longe veio um grito fraco e agudo que perfurou o silêncio.
Dann folgte dicht auf den ersten ein Chor ähnlicher Schreie.
Então, um coro de gritos semelhantes seguiu logo atrás do primeiro.

Das Geräusch kam näher und wurde mit jedem Augenblick lauter.
O som se aproximava, ficando mais alto a cada momento.
Buck kannte diesen Schrei – er kam aus dieser anderen Welt in seiner Erinnerung.
Buck conhecia esse grito, ele vinha daquele outro mundo em sua memória.
Er ging in die Mitte des offenen Platzes und lauschte aufmerksam.
Ele caminhou até o centro do espaço aberto e ouviu atentamente.
Der Ruf ertönte vielstimmig und kraftvoller denn je.
O chamado soou, com muitas notas e mais poderoso do que nunca.
Und jetzt war Buck mehr denn je bereit, seiner Berufung zu folgen.
E agora, mais do que nunca, Buck estava pronto para atender ao seu chamado.
John Thornton war tot und hatte keine Bindung mehr an die Menschheit.
John Thornton estava morto, e nenhum vínculo com o homem permanecia nele.
Der Mensch und alle menschlichen Ansprüche waren verschwunden – er war endlich frei.
O homem e todas as reivindicações humanas desapareceram — ele estava livre finalmente.
Das Wolfsrudel jagte Fleisch, wie es einst die Yeehats getan hatten.
A matilha de lobos estava atrás de carne como os Yeehats faziam antigamente.
Sie waren Elchen aus den Waldgebieten gefolgt.
Eles seguiram os alces desde as terras arborizadas.
Nun überquerten sie, wild und hungrig nach Beute, sein Tal.
Agora, selvagens e famintos por presas, eles cruzaram o vale.
Sie kamen auf die mondbeschienene Lichtung und flossen wie silbernes Wasser.

Eles chegaram à clareira iluminada pela lua, fluindo como
água prateada. .
Buck stand regungslos in der Mitte und wartete auf sie.
Buck ficou parado no centro, imóvel, esperando por eles.
**Seine ruhige, große Präsenz versetzte das Rudel in
Erstaunen und ließ es kurz verstummen.**
Sua presença calma e grande surpreendeu o grupo, fazendo-o
ficar em breve silêncio.
**Dann sprang der kühnste Wolf ohne zu zögern direkt auf
ihn zu.**
Então o lobo mais ousado saltou direto nele sem hesitar.
**Buck schlug schnell zu und brach dem Wolf mit einem
einzigen Schlag das Genick.**
Buck atacou rápido e quebrou o pescoço do lobo com um
único golpe.
**Er stand wieder regungslos da, während der sterbende Wolf
sich hinter ihm wand.**
Ele ficou imóvel novamente enquanto o lobo moribundo se
contorcia atrás dele.
Drei weitere Wölfe griffen schnell nacheinander an.
Mais três lobos atacaram rapidamente, um após o outro.
**Jeder von ihnen zog sich blutend zurück, die Kehle oder die
Schultern waren aufgeschlitzt.**
Cada um recuou sangrando, com a garganta ou os ombros
cortados.
**Das reichte aus, um das ganze Rudel zu einem wilden
Angriff zu provozieren.**
Isso foi o suficiente para fazer com que todo o bando atacasse
descontroladamente.
**Sie stürmten gemeinsam hinein, waren zu eifrig und zu
dicht gedrängt, um einen guten Schlag zu erzielen.**
Eles correram juntos, muito ansiosos e aglomerados para
atacar bem.
**Dank seiner Schnelligkeit und Geschicklichkeit war Buck in
der Lage, dem Angriff immer einen Schritt voraus zu sein.**
A velocidade e habilidade de Buck permitiram que ele ficasse
à frente do ataque.

Er drehte sich auf seinen Hinterbeinen und schnappte und schlug in alle Richtungen.
Ele girou sobre as patas traseiras, estalando e atacando em todas as direções.
Für die Wölfe schien es, als ob seine Verteidigung nie geöffnet oder ins Wanken geraten wäre.
Para os lobos, parecia que sua defesa nunca abria ou vacilava.
Er drehte sich um und schlug so schnell zu, dass sie nicht hinter ihn gelangen konnten.
Ele se virou e atacou tão rápido que eles não conseguiram ficar atrás dele.
Dennoch zwang ihn ihre Übermacht zum Nachgeben und Zurückweichen.
Mesmo assim, o número deles o forçou a ceder terreno e recuar.
Er ging am Teich vorbei und hinunter in das steinige Bachbett.
Ele passou pela piscina e desceu até o leito rochoso do riacho.
Dort stieß er auf eine steile Böschung aus Kies und Erde.
Lá ele chegou a um barranco íngreme de cascalho e terra.
Er ist bei den alten Grabungen der Bergleute in einen Eckeinschnitt geraten.
Ele entrou em um corte de canto durante a antiga escavação dos mineiros.
Jetzt war Buck von drei Seiten geschützt und stand nur noch dem vorderen Wolf gegenüber.
Agora, protegido por três lados, Buck enfrentava apenas o lobo da frente.
Dort stand er in der Enge, bereit für die nächste Angriffswelle.
Lá, ele ficou à distância, pronto para a próxima onda de ataque.
Buck blieb so hartnäckig standhaft, dass die Wölfe zurückwichen.
Buck se manteve firme com tanta ferocidade que os lobos recuaram.

Nach einer halben Stunde waren sie erschöpft und sichtlich besiegt.
Depois de meia hora, eles estavam exaustos e visivelmente derrotados.
Ihre Zungen hingen heraus, ihre weißen Reißzähne glänzten im Mondlicht.
Suas línguas estavam para fora, suas presas brancas brilhavam ao luar.
Einige Wölfe legten sich mit erhobenem Kopf hin und spitzten die Ohren in Richtung Buck.
Alguns lobos se deitaram, com as cabeças erguidas e as orelhas em pé na direção de Buck.
Andere standen still, waren wachsam und beobachteten jede seiner Bewegungen.
Outros ficaram parados, alertas e observando cada movimento seu.
Einige gingen zum Pool und schlürften kaltes Wasser.
Alguns foram até a piscina e tomaram água fria.
Dann schlich ein großer, schlanker grauer Wolf sanft heran.
Então, um lobo cinzento, longo e magro avançou de forma gentil.
Buck erkannte ihn – es war der wilde Bruder von vorhin.
Buck o reconheceu — era o irmão selvagem de antes.
Der graue Wolf winselte leise und Buck antwortete mit einem Winseln.
O lobo cinzento ganiu suavemente, e Buck respondeu com um ganido.
Sie berührten ihre Nasen, leise und ohne Drohung oder Angst.
Eles tocaram os narizes, silenciosamente e sem ameaça ou medo.
Als nächstes kam ein älterer Wolf, hager und von vielen Kämpfen gezeichnet.
Em seguida veio um lobo mais velho, magro e marcado por muitas batalhas.
Buck wollte knurren, hielt aber inne und schnüffelte an der Nase des alten Wolfes.

Buck começou a rosnar, mas parou e cheirou o nariz do velho lobo.
Der Alte setzte sich, hob die Nase und heulte den Mond an.
O velho sentou-se, levantou o nariz e uivou para a lua.
Der Rest des Rudels setzte sich und stimmte in das langgezogene Heulen ein.
O resto do bando sentou-se e juntou-se ao longo uivo.
Und nun ertönte der Ruf an Buck, unmissverständlich und stark.
E agora o chamado chegou a Buck, inconfundível e forte.
Er setzte sich, hob den Kopf und heulte mit den anderen.
Ele sentou-se, levantou a cabeça e uivou com os outros.
Als das Heulen aufhörte, trat Buck aus seinem felsigen Unterschlupf.
Quando os uivos terminaram, Buck saiu de seu abrigo rochoso.
Das Rudel umringte ihn und beschnüffelte ihn zugleich freundlich und vorsichtig.
A matilha se fechou em volta dele, farejando-o com gentileza e cautela.
Dann stießen die Anführer einen lauten Schrei aus und rannten in den Wald.
Então os líderes deram um grito e saíram correndo para a floresta.
Die anderen Wölfe folgten und jaulten im Chor, wild und schnell in der Nacht.
Os outros lobos os seguiram, latindo em coro, selvagens e rápidos na noite.
Buck rannte mit ihnen, neben seinem wilden Bruder her, und heulte dabei.
Buck correu com eles, ao lado de seu irmão selvagem, uivando enquanto corria.

Hier geht die Geschichte von Buck gut zu Ende.
Aqui, a história de Buck chega ao fim.
In den folgenden Jahren bemerkten die Yeehats seltsame Wölfe.

Nos anos que se seguiram, os Yeehats notaram lobos estranhos.

Einige hatten braune Flecken auf Kopf und Schnauze und weiße Flecken auf der Brust.

Alguns tinham marrom na cabeça e no focinho e branco no peito.

Doch noch mehr fürchteten sie sich vor einer geisterhaften Gestalt unter den Wölfen.

Mas eles temiam ainda mais uma figura fantasmagórica entre os lobos.

Sie sprachen flüsternd vom Geisterhund, dem Anführer des Rudels.

Eles falavam em sussurros sobre o Cão Fantasma, líder da matilha.

Dieser Geisterhund war schlauer als der kühnste Yeehat-Jäger.

Este Cão Fantasma tinha mais astúcia que o mais ousado caçador Yeehat.

Der Geisterhund stahl im tiefsten Winter aus Lagern und riss ihre Fallen auseinander.

O cão fantasma roubava dos acampamentos no inverno rigoroso e destruía suas armadilhas.

Der Geisterhund tötete ihre Hunde und entkam ihren Pfeilen spurlos.

O cão fantasma matou seus cães e escapou de suas flechas sem deixar rastros.

Sogar ihre tapfersten Krieger hatten Angst, diesem wilden Geist gegenüberzutreten.

Até mesmo seus guerreiros mais bravos temiam enfrentar esse espírito selvagem.

Nein, die Geschichte wird im Laufe der Jahre in der Wildnis immer düsterer.

Não, a história fica ainda mais sombria à medida que os anos passam na natureza.

Manche Jäger verschwinden und kehren nie in ihre entfernten Lager zurück.

Alguns caçadores desaparecem e nunca mais retornam aos seus acampamentos distantes.

Andere werden mit aufgerissener Kehle erschlagen im Schnee gefunden.

Outros são encontrados com a garganta aberta, mortos na neve.

Um ihren Körper herum sind Spuren – größer als sie ein Wolf hinterlassen könnte.

Ao redor de seus corpos há pegadas — maiores do que qualquer lobo poderia deixar.

Jeden Herbst folgen die Yeehats der Spur des Elchs.

Todo outono, os Yeehats seguem a trilha dos alces.

Aber ein Tal meiden sie, weil ihnen die Angst tief im Herzen eingegraben ist.

Mas eles evitam um vale com medo gravado profundamente em seus corações.

Man sagt, dass der böse Geist dieses Tal als seine Heimat ausgewählt hat.

Dizem que o vale foi escolhido pelo Espírito Maligno para ser seu lar.

Und wenn die Geschichte erzählt wird, weinen einige Frauen am Feuer.

E quando a história é contada, algumas mulheres choram perto do fogo.

Aber im Sommer kommt ein Besucher in dieses ruhige, heilige Tal.

Mas no verão, um visitante chega àquele vale tranquilo e sagrado.

Die Yeehats wissen nichts von ihm und können es auch nicht verstehen.

Os Yeehats não o conhecem, nem conseguem entendê-lo.

Der Wolf ist großartig und mit einer Pracht überzogen wie kein anderer seiner Art.

O lobo é grandioso, revestido de glória, como nenhum outro de sua espécie.

Er allein überquert den grünen Wald und betritt die Waldlichtung.

Ele atravessa sozinho a floresta verde e entra na clareira da floresta.
Dort sickert goldener Staub aus Elchhautsäcken in den Boden.
Ali, o pó dourado dos sacos de couro de alce penetra no solo.
Gras und alte Blätter haben das Gelb vor der Sonne verborgen.
A grama e as folhas velhas esconderam o amarelo do sol.
Hier steht der Wolf still, denkt nach und erinnert sich.
Aqui, o lobo fica em silêncio, pensando e lembrando.
Er heult einmal – lang und traurig – bevor er sich zum Gehen umdreht.
Ele uiva uma vez — longo e triste — antes de se virar para ir embora.
Doch er ist nicht immer allein im Land der Kälte und des Schnees.
Mas ele nem sempre está sozinho na terra do frio e da neve.
Wenn lange Winternächte über die tiefer gelegenen Täler hereinbrechen.
Quando longas noites de inverno descem sobre os vales mais baixos.
Wenn die Wölfe dem Wild durch Mondlicht und Frost folgen.
Quando os lobos seguem a caça através do luar e da geada.
Dann rennt er mit großen, wilden Sprüngen an der Spitze des Rudels entlang.
Então ele corre na frente do bando, saltando alto e selvagem.
Seine Gestalt überragt die anderen, aus seiner Kehle erklingt Gesang.
Sua forma se eleva sobre as demais, sua garganta vibra com a canção.
Es ist das Lied der jüngeren Welt, die Stimme des Rudels.
É a canção do mundo mais jovem, a voz da matilha.
Er singt, während er rennt – stark, frei und für immer wild.
Ele canta enquanto corre: forte, livre e eternamente selvagem.

www.tranzlaty.com

www.ingramcontent.com/pod-product-compliance
Lightning Source LLC
Chambersburg PA
CBHW010029040426
42333CB00048B/2757